РАВ МИХАЕЛ ЛАЈТМАН

ОТКРИЕНА КАБАЛА

Copyrights © 2023 Rav Michael Laitman

Copyrights © 2023 Рав Михаел Лајтман

Прво издание 2023

Наслов на оригиналот

Михаэль Лайтман

РАСКРЫТИЕ КАББАЛЫ

*Руководство для граждан Земли
по обретению счастья*

Сите права задржани. Ниту еден дел од ова издание не смее да биде препечатуван, копиран или објавуван во која било форма или на кој било начин во електронските или во печатените медиуми, без писмена согласност од издавачот.

ISBN 978-1-77228-174-3
Laitman Kabbalah Publishers

РАВ МИХАЕЛ ЛАЈТМАН

ОТКРИЕНА КАБАЛА

Упатство за пронаоѓање на среќата

СОДРЖИНА

ВОВЕД 9
ПРВ ДЕЛ. КАБАЛАТА НЕКОГАШ И СЕГА 15
ГОЛЕМАТА ЗАМИСЛА 15
КОЛЕВКА НА НАУКАТА 17
   Други правци 18
   Главни прашања 19
КАБАЛАТА СТАПУВА НА СЦЕНА 20
   Движечка сила на промените 21
   Преземање на воланот 21
ДА СЕ СКРИЕ, ДА СЕ БАРА...И ДА НЕ СЕ НАЈДЕ 24
   Глобалната криза има среќен крај 25
   Егоизмот – стапица 26
НЕОПХОДНОСТА ОД ЕДИНСТВО 27
   Зголемена воспримливост 30
   Времето е дојдено 31
НАКРАТКО 32

ВТОР ДЕЛ. НАЈВОЗВИШЕНАТА ЖЕЛБА 35
ПОТТИКОТ – ОСНОВА ЗА РАСТЕЖ 35
   Зад затворени врати 37
   Еволуција на желбите 39
УПРАВУВАЊЕ СО ЖЕЛБИТЕ 42
   Појава на нова желба 43
   Метод на реализација на новата желба 44
   Поправка на егоистичната желба – Тикун 45
НАКРАТКО 48

ТРЕТ ДЕЛ. ПОТЕКЛО НА СОЗДАДЕНОТО 49
   ДУХОВНИ СВЕТОВИ 49
      Четири основни фази 51
   ПОТРАГА ПО ЗАМИСЛАТА НА СОЗДАВАЊЕТО 56
   ПАТ 60
      Горе и доле, врв и дно 62
   АДАМ ХА РИШОН – ЗАЕДНИЧКА ДУША 66
   НАКРАТКО 68

ЧЕТВРТ ДЕЛ. НАШАТА ВСЕЛЕНА 71
   ПИРАМИДА 72
      Како горе така и долу 74
   НАГОРЕ ПО СКАЛАТА 75
   ЖЕЛБА ЗА ДУХОВНОСТА 79
   НАКРАТКО 85

ПЕТТИ ДЕЛ. ЧИЈА РЕАЛНОСТ ПРЕТСТАВУВА РЕАЛНОСТ? ... 87
   ТРИ ОГРАНИЧУВАЊА ПРИ ИЗУЧУВАЊЕТО НА КАБАЛАТА ... 89
   ВОСПРИМАЊЕ НА РЕАЛНОСТА 94
      Стапица на заблудата 96
      Реалност којашто не постои 96
      Механизам за мерење 98
      Шесто сетило 100
      Каде постои пат – постоела и желба 102
      Замисла на создавањето 104
      Решимот – враќање во иднината 106
   НАКРАТКО 109

ШЕСТИ ДЕЛ. ТЕСЕН Е ПАТОТ КОЈ ВОДИ КОН СЛОБОДАТА .. 111
   МРАК ПРЕД ЗОРАТА 113
      Прекрасен свет на четири чекори од нас 117

ДОЗНАЈТЕ ГИ ГРАНИЦИТЕ НА ВАШИТЕ МОЖНОСТИ 120
   Узди на животот 122
   Промена на општествената околина поради сопствена промена 124
   ЧЕТИРИ ФАКТОРИ 126
   ИЗБОР НА ПРАВИЛНО ОПКРУЖУВАЊЕ ЗА ПОПРАВКА ... 129
     Секоја птица кон своето јато 130
     Нема анархисти 132
   СМРТТА НА ЕГОИЗМОТ Е НЕИЗБЕЖНА 134
     Лекување 135
     Лажна слобода 137
     Прикривање 138
     Услови за слободен избор 139
   СЛОБОДЕН ИЗБОР 140
     Верба 140
     Знаење – разум 141
   НАКРАТКО 143
   ЗА БНЕИ БАРУХ 147
   ЗА АВТОРОТ 149

Вовед

Восхитен сум и почестен за поканата да го напишам воведот за книгата на д-р Лајтман – *Откриена Кабала: Упатство за пронаоѓање на среќата*. Авторот не само што ми е драг личен пријател, туку според мене, тој е најголемиот жив кабалист, вистински претставник на мудроста која се чувала скриена повеќе од две илјадалетија. Сега кога мудроста на кабалата почнува да сјае со најсилен сјај во однос на другите древни мудрости, верувам дека нема друг човек кој е посоодветен да подучува за суштината на кабалата.

Во денешниот свет, од единствено значење е појавата на кабалата како автентично упатство за живеење. Може да ни помогне да си ја повратиме свесноста за мудроста која ја имале нашите предци, а која ние сме ја заборавиле.

Древните мудрости денес се појавуваат токму поради тоа што нашето вообичаено механичко училиште на мислата не успеало да ги донесе ветената благосостојба и одржливост. Кинеската поговорка предупредува: „Ако не го смениме правецот, веројатно ќе завршиме онаму каде што сме се упатиле." Кога ова ќе го примениме врз современото човештво, може да се покаже катастрофално:

Климатските промени се закануваат огромен дел од нашата планета да претворат во безживотно тло, на кое нема да може да се живее ниту да се произведува храна.

Освен тоа, повеќето од светските економии стануваат недоволни сами за себе. Ова е поврзано и со фактот што светските резерви за храна се намалуваат. Водата за пиење е намалена и не е доволна ни за половина од светската популација. Просечно, повеќе од 6000 деца дневно умираат од дијареја предизвикана од загадена вода.

Во многу делови од светот, насилството и тероризмот станаа омилени средства за решавање на судирите. Поради сето тоа се зголемува несигурноста и во богатите и во сиромашните земји. Исламскиот фундаментализам се шири низ муслиманскиот свет, неонацистите и некои екстремни движења се шират низ Европа, а религиозниот фанатизам се појавува насекаде низ светот.

Во прашање е нашиот опстанок на оваа планета.

Но, не е потребен глобален крах. Можеме да го смениме правецот на струјата, а сценариото што следува е сосема можно:

Како што дел од оваа книга натаму ќе покаже, можеме да се здружиме во заедничките цели за мир и одржливост. Водачите на деловниот свет можат да ги препознаат возбудливите промени и да понудат добра и услуги што се потребни за пресвртот што се бара.

Масовните медиуми можат да ги истражуваат најсвежите перспективи и новите социјални и културни иновации, па така на интернет, на телевизија и на комуникациските мрежи ќе се појави нова визија за нас самите и за природата.

Во цивилно општество, културата за алтернативно живеење и одговорни вредности ќе даде поддршка на политиката за социјална и еколошка одржливост. Ќе се спроведат мерки за заштита на околината, ќе се создадат ефективни системи за дистрибуција на храна и ресурси, ќе се развиваат и ќе се користат одржливи технологии за енергија, транспорт и земјоделство.

Во таа позитивна варијанта, средствата ќе бидат пренасочени од воените и одбранбените фондови, кон служење на потребите на луѓето. Помогнати од таквиот развој, националната, меѓународната и културната недоверба, етничките и расните судири, угнетувањето, економските разлики и половата дискриминација, ќе бидат заменети со меѓусебна доверба и почит. Луѓето и заедниците подготвено ќе соработуваат и ќе создаваат плодни партнерства.

Така, наместо да се заглави во судири и војни, човештвото ќе се крене – не само до одржлив свет на заедници со самодоверба и соработка, туку до радосна мирна иднина, смиреност и целосно самоисполнување.

Сите нас може да нѐ чека мирен и одржлив свет, но во моментов не сме свртени во тој правец. Ајнштајн рекол: „Значајните проблеми со кои се соочуваме не можат да бидат решени на истото ниво на размислување на кое ги создадовме." Сепак, ние се обидуваме да го направиме токму тоа. Се обидуваме да се избориме против тероризмот, сиромаштијата, криминалот, уништувањето на околината, заразите и другите „болести на цивилизацијата" со истите методи со кои ги создадовме. Се обидуваме да ги поправиме со помош на технологијата и со привремени дополнителни мерки. Па сепак сѐ уште не сме ја прибрале волјата ниту визијата за да создадеме трајна и коренита промена.

Свеста на планетата

Поради глобалната криза, човештвото почна да бара нови начини за размислување. Таквите начини се стари, но посебно важни древни мудрости. Во тие мудрости, свеста на планетата не е само помошна забелешка, туку нивна суштина. Кога ги проучуваме тие начини на размислување, дознаваме дека новата планетарна свест е всушност стара, трајна свест, само што е сега повторно откриена.

Всушност, крајно време е повторно да се открие свеста на планетата. Порано мислевме дека типичната, нормална човечка свест е она што го примаме со петте сетила. Сѐ друго за нас беше производ на фантазијата. Вообичаената перцепција била дека завршуваме онаму каде што завршува нашата кожа. Другите ставови биле сметани за „њу ејџ", „мистика" или „езотерија". Идеите за тоа дека на некој начин сме поврзани сите заедно, дека постои контекст во кој ние сме дел од поголема целина, се сметале за исклучоци низ историјата на цивилизацијата.

Но, ако ја разгледаме историјата на идеите, ќе откриеме дека вистината е токму спротивна. Ограничувачкото, механичкото и фрагментираното мислење кое еволуирало во западниот свет во последниве 300 години не е правило, туку е исклучок. Другите култури не го делат овој поглед на светот. Дури и Запад го немал овој поглед на светот пред појавувањето на овој механички став кој бил наследен со примената (подобро кажано погрешната примена) на Њутновата филозофија за природата.

Во другите култури, како порано на Запад, превладувала свеста за припаѓање, за единство. Повеќето традиционални култури не се согласуваат со тоа дека луѓето немаат ништо заедничко освен минливите интереси што понекогаш случајно се преплетуваат.

Класичните корени на сите мудри традиции се концептите за „свеста на планетата". Овој поим ја дефинира свеста за нашата судбина што ја делиме како човечки суштества, како граѓани на оваа планета. Ако сакаме да преживееме, ако сакаме нашите деца и внуци да имаат сигурна и достојна иднина, *мораме* да ја негуваме свеста на планетата.

За да се придвижиме напред, мораме да негуваме начин на мислење кој ни овозможува да создадеме обединето човечко семејство, планетарна цивилизација. Но, таквата цивилизација не би требало да биде монолитска култура каде сите следат исти идеи, и каде еден човек или една нација им ги диктира овие идеи на другите. Тоа треба да е цивилизација на различности, чии елементи се спојуваат заедно со цел да се одржи и да се развива целиот систем, планетарната цивилизација на човештвото.

Оваа различност е елемент на хармонија, елемент на мирот. Ја имало секое општество кое успеало да преживее. Само западните и прозападните општества го заборавиле тоа. Во процесот на создавање на технолошкиот и економскиот напредок, ја распарчиле целината на системот. Крајно време е да го обновиме.

Како што научив преку запознавање со текстовите на д-р Лајтман, кабалата во својата изворна форма не само што ги промовира поимите единство и интегритет на човештвото и универзумот, туку исто така нуди и практични мерки како да ги вратиме откако еднаш сме ги изгубиле.

Од сè срце препорачувам внимателно да ја прочитате оваа книга, бидејќи содржи многу повеќе од општо знаење за древната мудрост. Ни го дава и клучот за осигурување на благосостојбата на човештвото во овие критични времиња, кога сме соочени со досега невиден предизвик – бирање меѓу *деволутивниот* пат кој светот го води во пропаст, и *еволутивниот* пат, кој може да нè доведе во свет на мир, хармонија, благосостојба и одржливост.

Ервин Ласло

Прв дел. Кабалата некогаш и сега

Големата замисла

Кабалата не е резултат на современите модерни холивудски влијанија. Таа е овде со илјадници години. Во мигот на нејзиното зародување луѓето биле многу поблиски до Природата, отколку сега. Тие ја чувствувале тесната поврзаност со неа и грижливо се однесувале кон сè што ги опкружувало. Тогаш луѓето немале посебни причини да се изолираат, бидејќи не биле толку егоцентрични и одделени од Природата, како што сме ние денес. Во тоа време човештвото претставувало нејзин нераскинлив дел и се стремело подлабоко да го спознае светот околу себе.

Недоволното познавање на законите на Природата не им дозволувало на луѓето да се чувствуваат заштитени. Тие чувствувале страв од моќта на стихиите, и не сакајќи ги доживувале како виши сили.

Наоѓајќи се во тесна поврзаност со Природата и истовремено плашејќи се од неа, луѓето се стремеле не само да го спознаат светот што ги опкружува, туку, најважно од сè, да одредат што или кој со него управува. Во тие далечни времиња човечкиот род не можел да се скрие од дивеењето на стихиите, како денес, да ги избегне незгодите, непознати за нашиот „вештачки" свет. Блискоста со Природата и стравот од неа побудувале многу луѓе да бараат некој план, кој Природата го подготвила за нив, а со тоа и за сите нас.

Тие најрани откривачи (пионери) на надворешниот свет сакале да знаат дали Природата има некоја цел и ако има, тогаш каква е улогата на човештвото во Големата замисла на создавањето. Тие, кои го достигнале највисокото ниво на спознавањето на планот на создавањето, почнале да се нарекуваат „кабалисти".

Исклучителна личност од тие „пионери" бил човекот по име Аврам. Тој е познат по тоа што не само што самиот длабоко ја истражувал Замислата на создавањето, туку го пренесувал тоа знаење и на другите.Тој сфатил дека единствено средство против стравот и страдањата кај луѓето е целосното разбирање на намерата на Природата во однос на нив. Не штедејќи се, почнал да ги обучува сите кои тоа го посакувале. Така Аврам станал првиот кабалист, ставајќи почеток на цела плејада учители на кабалата. Неговите најспособни ученици станале учители, кои пак го пренесувале тоа знаење на следното поколение на следбеници.

 Терминот „кабалист" произлегува од хебрејскиот збор „кабала", што означува „примање". Оригиналниот јазик на кабалата е хебрејскиот јазик, кој изворно се создавал од кабалистите и за кабалистите, помагајќи им во меѓусебната комуникација за духовните теми. Голем број кабалистички книги се напишани и на други јазици, но основните термини секогаш се употребуваат на хебрејски.

Кабалистите го нарекуваат авторот на големата програма на Природата „Создател", а самата програма – „Замисла на создавањето". Со други зборови, кога кабалистите зборуваат за Природата и нејзините закони, тие мислат на Создателот. Зборувајќи пак за Создателот, тие ја подразбираат Природата и нејзините закони. Тие термини имаат исто значење. За кабалистот дефиницијата „Создател" не значи конкретна, натприродна суштина, туку следно скалило, на кое човекот треба да се искачи, здобивајќи се со знаење од повисоко ниво.

На хебрејски зборот „Создател" звучи како „Боре" и се состои од два збора: „Бо" (дојди) и „Ре" (види). Така, зборот „Создател" му е упатен на секој човек како покана да се спознае духовниот свет.

Колевка на науката

Знаењата кои ги стекнале првите кабалисти, не само што им помогнале да го сфатат скриениот механизам на случувањата, туку им овозможиле и да ги објаснат природните појави со кои сите ние се соочуваме. Сосема е нормално дека тие станале учители, а научните познавања, пренесени од нивна страна на потомците, станале основа како за древните, така и за современите науки. Можеби некому кабалистите му се чинат осаменици кои пишуваат таинствени ракописи во затемнети сопчиња па светлината од свеќите. Тоа с разбирливо, бидејќи сè до крајот на XX век кабалата навистина се држела во тајност. Таквата мистична атмосфера создала секакви стории и легенди околу оваа наука. Иако повеќето од нив се лажни, тие до ден денес ги ставаат во мисла и во заблуда дури и најсериозните мислители.

Меѓутоа кабалата не се чувала секогаш во тајност. Всушност, првите кабалисти отворено ги споделиле своите познавања и земале активно учество во општествениот живот. Поврзаноста со кабалистите имала влијание врз научниците, кои биле нивни современици. Тоа послужило за формирање на основите на она што ние денес го нарекуваме „западна философија" и што подоцна го положило темелот на современата наука.

Еве што пишува за тоа Јохан Рејхлин, хуманист, истражувач на класицизмот, специјалист од областа на древните јазици и литературата, во книгата „Уметност на кабалата":
„Мојот учител Питагора, таткото на филозофијата, сепак не го презел своето учење од Грците,туку од Јудејците. Затоа тој треба да се нарече кабалист. Тој прв го превел зборот „кабала", непознат за неговите современици, на грчки јазик со зборот „фило – софија"... Кабалата не ни дозволува да го поминуваме животот во прав, туку го крева нашиот разум до врвот на спознавањето".

Готфрид Лајбниц, големиот математичар и филозоф, отворено ги искажува своите мисли за тоа, како таинственоста извршила влијание врз кабалата: „Бидејќи луѓето немале вистински клуч за Тајната, страста за знаење на крај била сведена на секакви празноверја и верувања, од што настанал некој вид „вулгарна кабала", која е далеку од вистинската кабала; како и разни фантазии под името магија... И со тоа се полнат книгите".

Други правци

Меѓутоа филозофите не биле кабалисти. Бидејќи тие не ја изучувале кабалата, не можеле целосно да ја осознаат и длабочината на оваа древна мудрост. Како резултат на тоа, знаењето, чиј развиток и примена барале посебен приод, се развивало и се применувало погрешно. Кога кабалистичката наука навлегувала во другите делови на светот, каде во тоа време немало кабалисти, таа исто така претрпувала значајни промени. Така човештвото тргнало по заобиколен пат. Без оглед на тоа што западната филозофија апсорбирала делчиња од кабалистичкото знаење, нејзиниот развој сепак тргнал во сосема друг правец.

Западната филозофија станала извор на науки кои го истражуваат нашиот материјален свет, што го воспримаме со помош на петте сетилни органи. Кабалата, пак, претставува наука која го изучува тоа што се случува надвор од границите на воспримањето на нашите природни сензори.

Менувањето на приоритетите го одвлече човештвото во спротивен правец од оној што го откриле кабалистите. Таквата промена на курсот го натерала човештвото да помине долг заобиколен пат. Последиците од ова ќе ги разгледаме во следните поглавја.

Главни прашања

Кабалата била скриена наука во текот на 2000 години. Причината за тоа е многу едноставна – немало ни потреба од неа. Во тој период човештвото се занимавало со осповање на монотеистички религии, а потоа со развивање на науката. Науката и религијата биле потребни за да се даде одговор на најосновните прашања: „Кое е нашето место во светот и во вселената?" „Која е целта на нашето постоење?" Со други зборови: „За што сме родени?"

Меѓутоа денес, како никогаш порано, голем број луѓе чувствуваат дека сето она на што се работело во текот на изминатите 2000 години, повеќе не ги задоволува нивните потреби. Објаснувањата, кои ги даваат религијата и науката, веќе не ги задоволуваат. Во потрага по одговорите на најосновните прашања за смислата на животот, луѓето се свртуваат кон други извори. Некои кон источните учења, претскажувачи на судбината, кон магијата и мистиката, а некои – кон кабалата.

Бидејќи кабалата изворно била создадена за разјаснување на тие исконски прашања, нејзиното знаење дава директен одговор на нив. Одново отворајќи ги древните одговори за смислата на животот, ние буквално го затвораме јазот меѓу човештвото и Природата, појавен во време кога сме се откажале од кабалата и сме се свртеле кон филозофијата.

Кабалата стапува на сцена

„Премиерата" на кабалата е одржана пред 5000 години во Месопотамија – античка држава, која се наоѓала на територијата на денешниот Ирак. Месопотамија не била татковина само на кабалата, туку и на разни древни учења и мистики. Тогаш луѓето им верувале на многу учења, често следејќи неколку од нив истовремено. Во Месопотамија, културниот центар на античкиот свет, се развивале и цветале: астрологијата, претскажувањето на иднината, нумерологијата, магијата, вештерството, практикувањето на клетви и уроци и друго.

Сè додека луѓето се задоволувале со верувањата, тие не чувствувале потреба од промени. Ги интересирало само како да го направат безбеден и пријатен својот живот. Човекот не се интересирал за потеклото на животот, а најмалку го интересирало кој или што е креативната сила, која ги создала животните закони.

На прв поглед се чини дека разликата меѓу овие прашања не е голема. Всушност, прашањето за потеклото на животот се разликува од прашањето за законите кои со него управуваат, исто како што способноста да се вози автомобил не предвидува способност тој да се конструира. Тоа е сосема друго ниво на знаењето.

Движечка сила на промените

Желбите не се појавуваат како гром од ведро небо. Тие несвесно се формираат во нас и излегуваат на виделина откога ќе добијат конечна форма: како „сакам пица". Дотогаш желбите или не се чувствуваат воопшто, или, како што се случува во повеќето случаи, се доживуваат како беспричински немир. На сите ни е познато тоа чувство, кога нешто сакаме, но не знаеме што. Токму тоа е неоформена желба.

Платон еднаш рекол: „Потребата е мајка на пронајдоците." И бил во право. На сличен начин кабалата нè учи дека единствениот начин да се дознае – пред сè е посакувањето да се дознае. Формулата е многу едноставна. Кога ќе посакаме нешто ние правиме сè што е можно за да го добиеме посакуваното. Наоѓаме време, ги мобилизираме сите сили и се здобиваме со потребни вештини. Излегува дека желбата е движечка сила на какви било промени.

Еволуцијата на нашите желби ја одредува и формира целата историја на човештвото. Нивниот раст ги поттикнувал луѓето да ја истражуваат животната средина за да ги задоволат своите нови потреби. За разлика од минералите, растенијата и животните, луѓето постојано се развиваат. Кај секоја нова генерација и секоја личност, желбите се зголемуваат, стануваат сè посилни и посилни.

Преземање на воланот

Двигателот на промените – желбата – се состои од пет нивоа; од нулта до четврто. Овој двигател кабалистите го нарекуваат „желба да се прима насладување", или едноставно „желба за примање". Кога кабалата прв пат се појавила, пред 5000 години, желбата за примање се наоѓала на нулта ниво. Сега, како што претпоставувате, ние се наоѓаме во четвртата, најзначајна етапа од нејзиниот развиток.

Во далечното минато, кога желбата за примање се наоѓала на нулта ниво, нашите потреби не биле толку прекумерни за да нè одделат од Природата, и еден од друг. Тогаш нашето заедништво, спојувањето со животната средина, претставувало природен начин на постоење. Но денес многумина се подготвени да платат големи пари, за повторно да се нурнат во таа првична состојба на часовите по медитација (и да признаеме, не секогаш успешно). Луѓето дури не ни помислувале дека можат да бидат изолирани од Природата. Поради силата на своето единство, древните претставници на човечкиот род немале потреба од зборови во меѓусебната комуникација, и можеле да ги пренесуваат мислите телепатски. Тоа навистина било време на единство, и целото човештво било како еден народ.

Ситуацијата почнала да се менува уште тогаш, во Месопотамија: желбите на луѓето почнале да растат и да стануваат сè поегоистични. Наместо подобро да се приспособат на Природата, да се адаптираат во нејзината средина, луѓето посакале да го променат светот околу себе за задоволување на личните потреби. Со тоа само ја зголемиле сопствената изолација и отуѓувањето. Денес, после многу векови, ние сфаќаме дека таа идеја се покажа неразумна. Таа едноставно не функционира.

Спротивставувајќи се на сè и сешто, луѓето веќе не се однесувале еден кон друг како членови од едно семејство, а кон Природата – како кон својот дом. Омразата ја заменила љубовта, сеејќи разединетост во единствениот народ. Прво тој се поделил на две групи, кои поделени тргнале на исток и на запад.

Продолжувајќи да се делат, тие на крај ги формирале многубројните народи кои постојат и денес.

Еден од симптомите на одвојувањето е појавата на повеќе јазици, што е опишано во Библијата како пад на Вавилонската кула. Различните јазици ги разделиле луѓето, доведувајќи до мешаница и неред. На хебрејски зборот „неред" звучи како „билбул", за одбележување на создадената конфузија. Според тоа, престолнината на Месопотамија го добила името Бабел (Вавилон). По овој раздор нашите желби пораснале од нулта ниво до првото, а ние сме започнале да ѝ се спротивставуваме на Природата.

Наместо да го исправиме растечкиот егоизам, не нарушувајќи го единството со Природата, односно со Создателот, ние изградивме механички, технолошки штит кој требало да нѐ заштити од неа.

Првично, ние ја развивавме науката и технологијата, за да го заштитиме своето постоење од дивеењето на стихиите. Сепак, се чини дека свесно или несвесно, ние всушност се обидуваме да го контролираме Создателот, и да го преземеме воланот.

> *За сето време, кога се случувале овие мешаници и нереди, Аврам живеел во Вавилон, помагајќи му на својот татко да изработува статуетки на боговите и да ја води семејната трговија. Не е тешко да се претпостави, дека Аврам бил во средиштето на оваа мешавина од идеи, кои доживеале процут во Вавилон – еден вид Њујорк во античкиот свет. Поради несредеността разбираме зошто Аврам постојано го поставувал прашањето „Кој управува со сево ова?". Одговорот му овозможил да го открие законот на Природата. Кога сфатил дека овој неред и отуѓување имаат своја цел, веднаш почнал да им зборува за тоа на сите кои сакале да го слушаат.*

Да се скрие, да се бара... и да не се најде

Човечкиот егоизам продолжувал да расте, и со преминување на секое ново ниво ние сè повеќе сме се оддалечувале од Природата (Создателот). Во кабалата оддалеченоста не се мери во метри или километри, туку со *особини*. Особините на Создателот се единството, поврзаноста и давањето. Ние можеме да Го почувствуваме само ако се здобиеме со истите особини. Ако јас сум егоцентричен, тогаш никако не ќе можам да се соединам со целосниот и алтруистичен Создател. Исто како да се обидуваш да видиш друг човек, на кој си му завртен со грб.

Бидејќи ние стоиме грб со грб со Создателот, а уште сакаме и да Го контролираме, очигледно е дека колку повеќе напори вложуваме, толку посилно е нашето разочарување. Не може да се подложи на испитување тоа што не може да се види, или барем да се почувствува. Таа желба нема да се оствари, ако ние не се завртиме за 180 степени. Потребно е да погледнеме во спротивната насока и да го откриеме Него.

Луѓето веќе се уморни од неисполнетите ветувања на технолошката ера во однос на богатството, здравјето и безбедната иднина. Денес малкумина го имаат сето тоа, но дури и тие не можат со сигурност да кажат што ги очекува утре. Предноста на таквата состојба е дека тоа доведува да го преиспитаме правецот на нашиот развој и да се запрашаме: „Можеби сево ова време ние одевме по погрешен пат?"

Денес, кога ние го признаваме постоењето на кризата и безизлезноста од ситуацијата, јасно може да се каже дека сме избрале ќор-сокак. Наместо да се обидеме да го компензираме нашиот егоцентризам со помош на технологијата, спротивставувајќи ѝ се со тоа на

Природата, потребно ни е да го замениме егоизмот со алтруизам. Така ќе можеме да се соединиме со Природата.

Во кабалата таквата промена се нарекува „тикун" – поправка. Да се осознае својата спротивност со Создателот, значи да се признае разделувањето, кое се случило меѓу Него и нас пред пет илјади години. Тоа се нарекува „препознавање на злото". Да се постапи така не е едноставно, меѓутоа тоа претставува прв чекор кон вистинско здравје и среќа.

Глобалната криза има среќен крај

За последните пет илјади години секоја од двете првични групи на луѓе, излезени од Месопотамија, се развила во цивилизација составена од многубројни различни народи. Едната од нив станала, како што ја нарекуваме, „западна цивилизација", а другата – „источна цивилизација".

Растечката конфронтација меѓу нив укажува на тоа дека процесот, започнат со разделување на луѓето, се ближи до својот крај. Пред пет илјади години единствениот народ се распаднал на повеќе нации, поради растот на егоизмот на неговите членови, кој предизвикал раздор меѓу нив. Досега не ни успеало да се помрднеме од мртвата точка, но денес ние тоа многу појасно го осознаваме.

Според кабалистичката мудрост, денешната конфронтација на културите и популарноста на мистичните верувања, со кои изобилувала и античката Месопотамија, укажуваат на почеток на обединувањето на луѓето во нова цивилизација. Денес почнуваме да сфаќаме дека сме меѓусебно поврзани и мораме да се вратиме кон состојбата која постоела пред разделувањето. Градејќи повторно единствено човештво, истовремено ќе ја повратиме нашата врска со Природата, со Создателот.

Егоизмот – стапица

Егоизмот е стапица која ја прави ситуацијата нерешлива, а дејствата бесмислени. Самиот се разоткрива и доведува до негово негирање и исправање. Во времето на расцутот на мистицизмот, била откриена мудроста кабала. Таа им дала на луѓето знаење за постепениот пораст на нашиот егоизам, и причините за неговата појава. Кабалистите тврделе дека сè што постои се состои од желбата да се наполни со насладувања.

Меѓутоа, кога желбите се егоистички, тие не можат да се остварат во нивната природна форма. Тоа се случува поради тоа што кога задоволуваме некоја желба, ние ја гаснеме, а изгаснувајќи ја, престануваме да се насладуваме. На пример, замислете си го омиленото јадење. Сега замислете дека седите на маса во ексклузивен ресторан, и насмеаниот келнер ви носи покриена чинија, ја става пред вас и го крева капакот. Ммм... Колку позната, прекрасна арома! Веќе се насладувате? Вашето тело – да. Токму затоа само при помислата на тоа јадење, тоа почнува да произведува плунка и стомачна киселина.

Меѓутоа, во мигот кога почнувате со јадење, насладувањето се намалува. Колку повеќе се наситувате, толку помалку чувствувате задоволство од јадењето. На крај, наситувајќи се, веќе не добивате никакво насладување, и престанувате со јадењето. Престанувате, не затоа што сте се најале, туку затоа што кога желудникот е наполнет, јадењето повеќе не причинува задоволство. Тоа е „стапицата" на егоизмот: ако го добиете посакуваното, веќе не го посакувате.

Значи, бидејќи животот без насладувања за нас е невозможен, ние *мораме* да продолжиме да изнаоѓаме нови и поголеми насладувања. За таа цел ние развиваме нови желби, кои исто така ќе останат неисполнети. Тоа е затворен круг. Всушност, колку повеќе посакуваме толку попразни се чувствуваме. Празнината пак, го засилува нашето разочарување.

Бидејќи човештвото се наоѓа на најинтензивното ниво на желбите, какво досега не е забележано во неговата историја, принудени сме да признаеме дека денес нашето незадоволство е многу поголемо од кога и да е, иако имаме многу повеќе од нашите татковци и прататковци. Токму контрастот меѓу тоа што сега го имаме, и нашето растечко незадоволство, ја продуцира современата криза. Колку поегоистични стануваме, толку попразни се чувствуваме, и толку поочигледно се продлабочува кризата.

Неопходноста од единство

Првично сите луѓе биле внатрешно меѓусебно поврзани. Ние сме се чувствувале и сме се сметале како едно човечко суштество, и Природата се однесувала кон нас токму така. Тоа „колективно" постоење се нарекува „Адам". Зборот „Адам" е производ од зборот „доме", што на хебрејски значи „сличен" – сличен на Создателот, кој исто така е еден, единствен. Меѓутоа, без оглед на првичното единство, со растот на егоизмот ние постепено го изгубивме чувството на заемната поврзаност и почнавме брзо да се оддалечуваме еден од друг.

Кабалистичките книги сведочат за тоа дека според замислата на Природата, нашиот егоизам треба да продолжи да расте сè додека не сфатиме дека станавме туѓи и омразени еден на друг. Согласно со нејзиниот план, ние требаше прво да го почувствуваме сеопштото единство, а потоа да се разделиме, претворајќи се во себични и изолирани индивидуалисти. Само така сме способни да ја осознаеме својата целосна спротивност со Создателот и дека сме крајно себични.

Повеќе од тоа, за нас тоа бил единствениот начин да осознаеме дека егоизмот е негативен, не носи задоволување и е сосема безнадежен. Како што споменавме, егоизмот нè раздинува еден од друг и нè одделува од Природата. За да ја смениме таквата ситуација, потребно ни е прво да сфатиме дека токму така стојат работите. Тоа осознавање ќе нè доведе до желбата да сакаме да се промениме, и да најдеме начин да ја повратиме врската со целото човештво и со Природата – со Создателот. А веќе споменавме дека желбата е движечка сила на промените.

Всушност, ние не правиме избор меѓу алтруизмот и егоизмот. Само ни се чини дека имаме можност да бираме: да бидеме егоисти или алтруисти. Меѓутоа, испитувајќи ја Природата, ќе откриеме дека алтруизмот е нејзин основен закон. На пример, секоја клетка во телото првично е егоистична, но за да постои треба да се откаже од своите егоистички стремежи заради благосостојбата на целото тело. Како награда за тоа, клетката го чувствува животот на целиот организам, а не само сопствениот. На сличен начин и ние треба да ја развиваме поврзаноста меѓу нас. Тогаш, колку повеќе ќе успееме во поврзувањето – обединувањето, толку појасно ќе го чувствуваме вечното Адамово постоење, наместо само својата физичка егзистенција.

Денес, како никогаш порано, алтруизмот се покажал потребен за нашиот опстанок. Веќе е очигледно дека сите сме заемно поврзани и зависиме еден од друг. Таа зависност предизвикува нова и многу прецизна дефиниција на алтруизмот. Секое дејство или намера, насочено кон обединувањето на човештвото се смета алтруистично. И обратно, секое дејство или намера, што не придонесува за обединувањето, е егоистично. Излегува дека спротивставувањето на човекот кон Природата претставува извор на сите страдања кои ги гледаме во светот. Сите нејзини други компоненти (минералите, растенијата и животните) инстинктивно го следат законот на алтруизмот. Само однесувањето на човекот им противречи на сите други пројавувања на Природата и на Создателот.

Згора на тоа, ние не ги гледаме во надворешниот свет само човечките страдања. Сите други елементи на природата исто така страдаат од нашите погрешни дејства. Ако секој дел од природата инстинктивно го следи законот, но само човекот не се придржува на тоа правило, излегува дека човекот е единствениот неправилен елемент на природата. Едноставно кажано, кога ние ќе го поправиме својот егоизам, претворајќи го во алтруизам, ќе се поправи и сè друго: екологијата, економијата, и сите проблеми на општеството во целина.

> *Кабалистот Јехуда Ашлаг пишува дека Вишата Светлина, наполнувајќи ја желбата и напуштајќи ја, подготвува сад погоден за извршување на задачата. Таа задача е алтруистична. Со други зборови, ако ние сакаме да го почувствуваме соединувањето со Создателот, потребно ни е прво да бидеме соединети со Него, а потоа да го изгубиме тоа единство. Доживувајќи ги двете состојби, ние можеме свесно да направиме избор, а свесноста е многу важна за вистинското единство. Овој процес може да се спореди со бебето кое ја чувствува својата врска со родителите; тинејџерот веќе се бунтува против нив, а кога ќе созрее, ги разбира и го оправдува своето воспитување.*

Зголемена воспримливост

За алтруизмот следува посебна награда. Може да ни се чини дека промената се состои само во тоа да се стават интересите на другите луѓе над своите, но всушност, тоа носи многу поголема корист. Почнувајќи да мислиме на другите, ние воспоставуваме заемна врска.

Да го разгледаме од следната позиција: денес светот е населен со околу 6,5 милијарди луѓе. Замислете си дека вие треба да управувате со нив, но наместо вашите две раце, две нозе и еден мозок, вие имате 13 милијарди раце, 13 милијарди нозе и 6,5 милијарди мозоци? Мислите дека ќе ви претставува тешкотија? Всушност, не. Затоа што сите тие мозоци ќе функционираат како еден мозок, сите раце ќе дејствуваат како еден пар раце. Целото човештво ќе функционира како едно тело, чии можности ќе се зголемат 6,5 милијарди пати.

Меѓутоа почекајте, ние сè уште не сме завршиле со предностите на алтруизмот! Во прилог на тоа дека секој кој ќе се здобие со алтруистички особини ќе стане натчовек, тој уште ќе го добие и најпосакуваниот дар: целосна свест, или внатрешна меморија и целосно знаење. Бидејќи алтруизмот е природа на Создателот, преземајќи ја таа особина, ја доведуваме својата природа во соодветност со природата на Создателот и добиваме способност да мислиме како Него. Ние почнуваме да разбираме зошто сè се случува, кога мора да се случи и што ни е потребно да направиме за да добиеме поинаков резултат. Оваа состојба на совпаѓање по особини во кабалата се нарекува „еднаквост на формата" и претставува цел на создавањето.

Токму таквата состојба на зголемена воспримливост, совпаѓање по особините е причината заради која ние бевме создадени. Токму затоа на почетокот ние бевме создадени единствени, а потоа преживеавме разделување, за да се соединиме повторно. Во процесот на обединувањето ние ќе дознаеме зошто Природата постапува така, а не поинаку, и ќе станеме исто мудри, како и самата Мисла, која ја создала неа. Спојувајќи се со Природата, ние ќе се почувствуваме вечни и совршени исто како што е таа. Во таа состојба ние ќе го чувствуваме продолжувањето на своето постоење во нејзината вечност и после смртта на телото. Физичкиот живот и смртта нема повеќе да влијаат врз нас, бидејќи себичноста ќе се замени со целосна и алтруистична воспримливост. Нашето сопствено постоење ќе стане живот на целата Природа.

Времето е дојдено

Книгата „Зохар", еден вид „Библија" на кабалата, била напишана пред околу 2000 години. Во неа се зборува дека на крајот од XX век човечкиот егоизам ќе достигне екстремно високо ниво.

Како што дознавме порано, колку повеќе човекот посакува, толку попразно се чувствува. Така, почнувајќи од крајот на XX век, човештвото ја чувствува најголемата празнина. Во книгата „Зохар" пишува и дека кога човештвото ќе почне да ја чувствува таквата празнина, ќе му затреба средство што ќе му помогне во ослободувањето од таа состојба, и ќе придонесе за исполнетост. Потоа, според книгата „Зохар", ќе дојде време да се открие кабалата на целото човештво, како средство да се добие исполнетост, по патот на поистоветување со Природата.

Процесот на исполнетост, „тикун" нема да се случи наеднаш, ниту истовремено за сите. За да се случи поправката, човекот мора да ја посакува. Во текот на тој процес се развива нашата сопствена волја. Поправањето започнува кога човекот осознава дека неговата егоистична природа претставува извор на злото. Тоа е многу лично, моќно доживување, и задолжително го доведува човекот до желбата да се промени, да премине од егоизам кон алтруизам.

Како што веќе рековме, Создателот се однесува кон нас како кон единствено, обединето суштество. Ние се обидувавме да ја достигнеме нашата цел егоистично, но денес откриваме дека нашите проблеми можат да се решат само колективно и алтруистички. Колку повеќе ќе го осознаваме својот егоизам, толку посилно ќе посакуваме да ја промениме својата природа со помош на методот на кабалата. Не сме го направиле тоа кога се појавила кабалата, но имаме можност да го направиме тоа денес, затоа што сега знаеме дека имаме потреба за промена!

Во текот на изминатите 5000 години на еволуцијата, човештвото користело разни начини за примање на насладувањето, потоа се разочарувало во нив, и пронаоѓало други. Еден метод се заменувал со друг, но ние не сме биле посреќни. Сега, со појавувањето на методот на кабалата, чија цел е поправка на високото ниво на егоизмот, ние немаме веќе потреба да одиме по патот на разочарувањата. Ние можеме едноставно да го поправиме во себе најсилниот егоизам со помош на кабалата, и сите други поправки ќе следуваат како ефектот на домино. Во текот на тоа поправање ние ќе можеме да почувствуваме исполнување, одушевување и радост.

Накратко

Мудроста на кабалата (мудрост на примањето), се создала пред околу 5000 години, кога луѓето почнале за првпат да се прашуваат за смислата на своето постоење. Тие кои го спознале тоа, почнале да се нарекуваат „кабалисти". Тие го имале одговорот на прашањето за смислата на животот и улогата на човештвото во вселената. Но, тогаш желбите на повеќето луѓе биле сè уште многу мали за да се разбуди стремежот за ова знаење. Затоа кабалистите, согледувајќи дека човештвото нема потреба за нивната мудрост, ја скриле и тајно ја подготвувале за она време кога сите ќе бидат подготвени да ја воспримат. Во меѓувреме човештвото ги развивало другите насоки на својата активност, како религијата и науката.

Денес, кога сè поголем број луѓе се убедуваат во тоа дека ниту религијата, ниту науката не даваат одговори на најтаинствените животни прашања, започнуваат пребарувања за објаснување од други извори. Дојдено е токму тоа време, кое кабалата го чекаше. Затоа таа се појавува токму сега, за да даде одговор за смислата на нашето постоење. Кабалата нѐ учи дека Природата, или Создателот, е алтруистична и единствена. Таа ни говори дека ние треба не само да ја разбираме Природата, туку да се стремиме да го преземеме нејзиниот начин на постоење, применувајќи го врз себе.

Истовремено, кабалата ни соопштува дека постапувајќи така, правилно, ние не само што ќе станеме еднакви со Природата, туку ќе ја разбереме Мислата, која го одредила нејзиното постоење во Големата Замисла. Тогаш, како што тврди кабалата, сфаќајќи ја Големата Замисла, ние ќе станеме слични на Создателот.Тоа е и целта на создавањето – да станеме слични на Создателот.

Втор дел. Највозвишената желба

Сега, откако малку се запознавме со историјата на кабалата, време е да се види каков е нејзиниот однос кон нас.

Како што ви е познато, изучувањето на кабалата предвидува користење на одреден број термини, од кои повеќето се дојдени од хебрејскиот јазик. Другите се земени од арамејскиот, а некои позајмени од другите јазици, како што е грчкиот. Но, добрата вест е дека почетниците, па дури и просечните ученици, сосема добро ќе се снајдат со познавање на само неколку зборови. Ако вие ги доживувате тие духовни состојби кои се обележани со тие зборови, вам ќе ви се откријат нивните правилни имиња.

Кабалата зборува за желбите и нивното задоволување. Таа ја изучува човечката душа и нејзиниот раст – од скромниот почеток на нејзиниот пат како духовно семе, до победоносниот врв, како Дрво на Животот. Откако ќе ја сфатите суштината на древната мудрост, сите други знаења ќе ги најдете во вашето срце.

Поттикот – основа за растеж

Да започнеме од каде што застанавме во претходниот дел. Говоревме дека иднината може да биде прекрасна, само ако научиме да дејствуваме спротивно на својот егоизам – да се обединуваме со другите луѓе, формирајќи единствен духовен организам. Истовремено дознавме дека постои и средство за достигнување на поставената цел – посебно разработен метод на кабалата.

Ако се осврнеме, можеме јасно да видиме дека немаме насока кон светла иднина. На светот му претстои криза – и тоа многу сериозна. Дури иако сѐ уште не сме ги почувствувале негативните последици од неа, нема гаранции дека тоа нема да се случи во иднина. Изгледа дека не постои ниту една област во која кризата не би оставила трага, било тоа да е личниот живот, општеството во кое живееме, или животната средина.

Кризите сами од себе не мора да се негативни појави. Тие само укажуваат на тоа дека постојниот ред на нештата застарел и дојдено е времето да се движиме напред, кон следната фаза на развојот. Демократијата, индустриската револуција, женската рамноправност – сето тоа е манифестирање на кризата во различните области на живеењето. Всушност, сѐ што постои денес е резултат на кризата на застарениот систем од минатото.

Денешната криза во суштина не се разликува од претходните, но се карактеризира со многу поголема напнатост и влијае врз целиот свет. Како и секоја криза, таа обезбедува можност за промена – дава поттик за растеж. Ако направиме правилен избор, тешкотиите едноставно ќе испарат. Ние би можеле лесно да го обезбедиме целокупното население на земјината топка со храна, вода и живеалишта. Во наша моќ е да воспоставиме мир на Земјата и да ја направиме планетата просперитетна и динамична. За да се случи тоа, ние треба да *посакаме* да го сториме тоа. Да го избереме она што Природата *го очекува* од нас: единство наместо сега избраната поделба.

Зар не го посакуваме обединувањето? Во што е причината на нашата отуѓеност? Колку поубедлив е нашиот прогрес, колку повеќе знаења стекнуваме, толку појасно се манифестира нашето незадоволство од животот. Научивме да градиме вселенски бродови и да создаваме роботи со големина на молекул, го дешифриравме генот на човекот. Зошто не научивме да живееме среќно?

Задлабочувајќи се во изучување на кабалата, сè повеќе ќе бидеме убедени дека таа нè води до суштината на нештата. Пред да ви даде одговор, таа ќе ви раскаже зошто се најдовте во ваква или поинаква состојба. Констатирајќи ја причината на случувањата, тешко дека ќе ни требаат понатамошни насочувања. Да видиме што научивме денес, од оваа позиција, и тогаш можеби ќе ни се открие зошто сè уште не сме го пронашле патот кон среќата.

Зад затворени врати

Човекот...ако е недоволно или лошо образован – е најголемиот дивјак меѓу сите земски суштества.
Платон, „Закони"

Знаењата секогаш се сметале за богатство. Шпионажата не е пронајдок на современоста, таа постоела уште одамна. Во нејзината основа е потребата и вредноста на информациите, податоците. Прашање било само *кому* можеле тие да се доверат.

Во минатото носителите на знаењата се нарекувале мудреци, а знаењата кои ги имале се однесувале на законите на Природата. Мудреците ги криеле своите постигнувања, плашејќи се дека податоците можат да дојдат во рацете на луѓе, кои тие ги сметале за недостојни.

Како да се одреди кој заслужува да го поседува знаењето? Да речеме, јас имам некоја премногу важна информација, дали имам право да ја кријам? Нормално, никој нема да се согласи дека е недостоен на знаењето. Токму затоа сме подготвени да ги „украдеме" потребните информации до кои немаме пристап.

Но не се случувало секогаш така. Пред многу години, пред егоизмот да го достигне своето највисоко ниво, луѓето ги ставале интересите на општеството над сопствените. Тие ја чувствувале својата врска со Природата и со целокупното човештво и не се изолирале. За нив, таквиот однос кон животот бил природен. Денес нашите претстави се сменети од корен. Ние сме уверени дека имаме право да знаеме сè и да постапуваме како што сакаме. Такви се непресметливите дејства, кои одговараат на нашето сегашно ниво на егоизмот.

Всушност, уште пред човештвото да го достигне четвртото ниво на развојот на желбите, научниците почнале да тргуваат со својата мудрост, менувајќи ја за материјални добра, како пари, почести и власт. Бидејќи растеле предизвиците на материјалниот свет, луѓето сè полесно се откажувале од природниот начин на живот. Тие веќе не биле во можност да живеат скромно и да се насочат кон истражување на Природата. Тогаш тие квазимудреци ги насочиле своите знаења за добивање на телесни задоволства.

Денес, техничкиот прогрес и постојаниот пораст на егоизмот на личноста доведоа до тоа, злоупотребата со знаењата да стане општоприфатено правило. Колку технологиите стануваат поразвиени, толку повеќе луѓето стануваат опасност за себе и за својата околина. Колку стануваме помоќни, толку е посилен предизвикот да ја искористиме својата власт за добивање на посакуваното.

Како што кажавме, желбата да се поседува има четири нивоа на интензитет. Колку е посилна, толку поголем пад доживува моралот и општеството. Значи, нема ништо чудно во тоа што светот се нашол во кризна состојба. Истовремено ни станува јасно со каква цел мудреците ги криеле своите знаења, и зошто растечкиот егоизам сега ги поттикнува да ја откријат претходно добро чуваната информација.

Ако ние не се измениме себеси, нема да ни помогнат ниту знаењата, ниту прогресот. Тие можат да сторат повеќе штета, отколку што веќе сториле. Земајќи го сето ова предвид, би била непростлива наивност да се смета дека научните успеси можат, како што ветуваа, да им обезбедат на луѓето „добар живот". Ако сакаме посветла иднина, потребно ни е само едно – да се измениме себеси.

Еволуција на желбите

Тешко може да се смета за сензационално тврдењето дека човековата природа е егоистична. Бидејќи сите ние, без исклучок, начелно сме егоистични, подложни сме да го злоупотребиме тоа што го знаеме. Тоа воопшто не значи дека ќе направиме престап. Тоа може да се одразува во сосема незначајните нешта, да речеме, незаслужена кариера, или внесување раздор меѓу саканите во своја корист.

Она што навистина може да претставува новост не е тоа дека човекот е егоистичен по својата природа, туку тоа што секој почнува да го осознава сопствениот егоизам. Осознавајќи го својот егоизам за првпат, човекот доживува болно освестување. Постои одлично објаснување за причината на постојаниот развој на нашата желба за примање и ние набргу ќе го разгледаме тоа прашање. Сега да го концентрираме вниманието врз улогата на тој развој во процесот на добивањето на знаењата.

Кога ги бараме патиштата за задоволување на желбите го развиваме својот разум. Со други зборови, еволуцијата е резултат на развојот на желбата, концентрирана врз примањето на насладувањата. Ако се погледне историјата на човештвото од аспект на еволуцијата на желбите, станува јасно дека секоја идеја, секое откритие и пронајдок, биле условени од тие растечки потреби. Среќата и несреќата, насладувањето и страдањето, зависат од степенот на задоволување на нашите потреби. За да добиеме задоволство, потребно е да се вложат напори.

Всушност, желбите управуваат со нас до тој степен што, како што рекол кабалистот Јехуда Ашлаг: „Никој ниту со прст нема да мрдне без мотивација... без да има каква било корист за себе". Повеќе од тоа: „Ако, на пример, човекот ја преместува раката од столот на масата, тоа се случува, бидејќи тој очекува да добие од тоа преместување поголемо задоволство, отколку кога неговата рака би останала да лежи на столот до крајот на неговиот живот."

Во претходниот дел ние го нарекувавме егоизмот „стапица". Со други зборови, силата на насладувањето зависи од силата на желбата. Како што се зголемува исполнувањето, пропорционално се намалува желбата. Така, кога исчезнува желбата – се губи и задоволството. Излегува дека за да се насладуваме со нешто, треба не само тоа да го посакаме, туку и да ја зачуваме својата желба. Во спротивно, задоволството полека ќе згасне.

Освен тоа, задоволството не се наоѓа во самиот предмет на желбата, туку во *тој* кој копнее по тоа задоволство. На пример, ако јас обожавам туна, тоа не значи дека туната содржи во себе некакво насладување, едноставно задоволството во „форма" на туна постои во *мене*. Прашајте ја туната дали се насладува со своето тело. Се сомневам дека потврдно ќе ви одговори. Јас би можел грубо да ја прашам рибата: „Зошто не уживаш во своето месо? Кога каснувам парче од тебе, тоа е толку вкусно... А околу тебе има тони туна! Да сум на твое место, би бил на седмо небо од среќа".

Сигурно сите ние знаеме дека таков дијалог не е можен, но не само затоа што туните не зборуваат. Ние инстинктивно чувствуваме дека рибата не може да ужива во своето сопствено тело, додека на луѓето нејзиниот вкус може да им причинува големо задоволство.

Од каде тогаш се појавува задоволството од вкусот на туната? Затоа што ние имаме желба. Причината зошто самите риби не можат да се насладат од сопственото тело е во тоа што тие немаат таква желба. Конкретната желба да се добие задоволство од одреден објект се нарекува „кли" – „сад", или „инструмент", а применото задоволство во „садот" се нарекува „Ор" – „Светлина". Концепцијата „кли" и „ор" – е најважен закон на кабалистичката мудрост. Кога ќе можете да изградите „кли" – сад за Создателот, тогаш ќе ја добиете Неговата Светлина.

Првото ниво на развојот на желбата е поврзано со физичките потреби, како: храна, секс, семејство и живеалиште. Тоа се најпримитивни желби, карактеристични за сите живи суштества. За разлика од првото ниво на желбите, сите други се однесуваат само на човекот и се условени од неговата припадност на човечкото општество. Второто ниво е поврзано со желбата за богатство, третото – со желбата за слава, моќ и власт, а четвртото – со желба за знаење.

Управување со желбите

Сега кога знаеме дека желбите му даваат живот на прогресот, да разгледаме како ние управувавме со нив во текот на целата историја на човештвото. Во повеќето случаи ние постапувавме со желбите на два начина:

1. Претворајќи ги во навика, „воспитувајќи ги" или прилагодувајќи ги на секојдневниот живот;
2. Ограничувајќи ги и потиснувајќи ги.

Повеќето религии го користеле првиот начин, ветувајќи награда за секое дејство. Поттикнувајќи нѐ да вршиме добри дела, менторите и опкружувањето ги поткрепувале нашите „добри дела" со позитивна реакција. Станувајќи повозрасни, ние престануваме да добиваме „награди", но во сознанието останува дека „добрите дела" се наградуваат. Кога еднаш ќе се навикнеме на нешто, тоа веднаш станува наша втора природа. Постапувајќи природно, ние од тоа добиваме задоволство.

Вториот начин да се управува со желбите – ограничувајќи ги или потиснувајќи ги – главно се користи во источните учења. Овој приод се раководи од едноставно правило: подобро да не се посакува ништо, отколку да се посакува и да не се добие. Многу години се чинело дека може да се задоволиме само со овие два метода.

Иако никогаш не сме го добиле тоа што сме го посакувале (согласно со правилото: откако ќе го добиеш посакуваното, престануваш да го посакуваш), потрагата по задоволства сама од себе причинувала задоволство. Само да посакаме нова желба, веруваме дека токму таа ќе нѐ усреќи. Надежта не нѐ напушта сè додека не се потрошат сите соништа, а таму каде што останува надеж – има живот, дури иако соништата не се остваруваат.

Меѓутоа желбите растеле. Неостварливите соништа причинувале сè помалку задоволство – празното „кли", лишено од очекуваното исполнување. Тогаш двата вообичаени начини: воспитувањето и потиснувањето (намалувањето) на желбите – се нашле пред тежок испит. Кога нема начин да ги намалиме своите желби, не ни останува ништо друго, освен да најдеме начин да ги задоволиме. Во оваа ситуација, или го напуштаме стариот начин на дејствување, или некако го комбинираме со нова насока во потрагата.

Појава на нова желба

Ги споменавме четирите фази на желбата за примање:

а) физиолошка потреба за храна, продолжување на родот и семејството;
б) желба за богатство;
в) стремеж кон моќ и признание (понекогаш се поделсни на две различни подгрупи)
г) желба за знаење.

Овие четири нивоа се делат на две групи: 1. животински желби (прво ниво), заеднички за сите живи суштества, и 2. човечки желби (второ, трето и четврто ниво), кои се својствени само за луѓето. Токму последната група желби нè доведе до сегашната состојба.

Но денес во синџирот на еволуцијата на желбите, насочени кон примање, во човекот се буди нова – петта желба. Како што споменавме во претходниот дел, книгата „Зохар" кажува за нејзината појава кон крајот на XX век.

Таа нова желба не е само уште една во низата желби, туку претставува кулминација на сите претходни нивоа на желбите. Таа желба не е само најсилна, туку е обележана и со уникатни карактеристики, кои ја прават различна од сите други. Желбите од првите четири нивоа кабалистите условно ги нарекуваат „срце", притоа не мислејќи на орган. Петтото ниво на потребите е фундаментално различно. Тоа предвидува насладувања исклучиво од духовен карактер, а не од материјален. Таа желба го означува почетокот на духовниот растеж, кој е судбински наменет за секој човек. Од таа причина, оваа желба кабалистите ја нарекле „точка во срцето".

Метод за реализација на новата желба

Кога се создава „точката во срцето", човекот постепено преминува од желбата за земните задоволства (секс, пари, моќ и знаење) кон потрагата по духовните задоволства. Бидејќи овој вид задоволство е нов, за нас е потребен нов начин за негово достигнување. Методот на задоволување на новата желба се нарекува „наука кабала" – наука како да се прима.

За да се сфати овој нов метод, потребно е да разбереме во што е разликата меѓу кабалата, чија цел е да се задоволи стремежот кон духовноста, и методиките користени за задоволување на сите други желби. „Обични" ги нарекуваме желбите кои лесно се дефинираат. Чувствувајќи глад, јас барам храна, посакувајќи почит – го правам тоа што, според моето мислење, ќе ги натера луѓето да ме почитуваат.

Меѓутоа, со оглед на фактот што не знам точно што е тоа духовност, како тогаш можам да дознаам што треба да правам за да ја добијам? Бидејќи во почетокот ние не осознававме дека всушност она што го посакуваме е да го пронајдеме Создателот, не го разбираме ниту тоа дека за потрагата ќе ни затреба нов метод. Таа желба е толку необична, што ниту нам не ни е јасна. Токму затоа методот за нејзиното откривање и задоволување е наречен „тајна наука".

Додека посакувавме храна, позиција во општеството, максимум на знаења, ние не чувствувавме потреба за скриената наука. Нема каде да ја искористиме, и затоа таа останала таква. Но фактот на скриеноста не значи непотребност. Напротив, во текот на пет илјади години кабалистите ја усовршувале и дотерувале својата наука, во пресрет на времето кога таа ќе им затреба на луѓето. Пишувале сè подостапни книги, за да го направат воспримањето на кабалата поедноставно и поразбирливо. Тие знаеле дека во иднина целиот свет ќе има потреба од неа. Според нивните претпоставки треба тоа да се очекува со манифестирање на петтото ниво на желбите. Сега ние веќе го достигнавме, и затоа имаме потреба од кабалата.

За добивање на задоволство, потребно е да се има „кли" – јасно дефинирана желба за примање на конкретно задоволство. Појавата на „кли" го поттикнува нашиот мозок да пронајде начин за негово исполнување со Светлина („Ор"). Сега, кога многумина од нас ја имаат „точката во срцето", мудроста на кабалата станува средство за реализација на нашиот стремеж кон духовноста.

Поправка на егоистичната желба – Тикун

Веќе зборувавме дека егоистичната желба може да се наречи „стапица": само што ќе го добијам посакуваното, јас речиси моментално престанувам да го посакувам, а штом не го посакувам, не можам да уживам во тоа.

Стремежот кон духовноста содржи посебен и единствен механизам кој овозможува да се избегне стапицата. Тој механизам е наречен „*Тикун*" (поправка, корекција). Пред да се искористи правилно и да причини задоволство, желбата од петтото ниво треба да биде „обложена" со поправка.Разбирањето на принципот „*Тикун*" ќе помогне да се ослободиме од многу заблуди во однос на кабалата.

Желбата за добивање била движечка сила која стоела зад сите прогресивни промени во историјата на човештвото, но секогаш подразбирала добивање задоволство за сопствено уживање. Желбата да се прима насладување не содржи ништо лошо во себе. Но *намерата* да уживаш заради личното задоволство, нѐ спротивставува со Природата, Создателот. Значи, посакувајќи да примаме *за себе*, ние се одделуваме од Создателот. Токму во тоа е нашата грешка – причина за сите наши несреќи и незадоволства.

Не се случува *тикун* кога ние престануваме да примаме, туку кога ја менуваме мотивацијата за примање, својата *намера*. Примањето за себе се нарекува егоизам. Кога примаме заради обединување со Создателот, тоа се нарекува алтруизам – спојување со Природата.

На пример, дали ќе ви причини задоволство еднолична храна во текот на повеќе месеци? Најверојатно не. Но токму тоа го бараме ние од бебињата и не им оставаме избор. Тие се согласуваат само заради тоа што не знаат ништо друго. Едно со сигурност може да се каже – примајќи ја храната, бебето добива задоволство само од наполнетиот желудник. Сега замислете ја неговата мајка. Замислете како ѝ сјае лицето, кога таа го храни своето бебе.

Таа е среќна, бидејќи едноставно гледа со какво задоволство бебето јаде. Тоа може да почувствува задоволство (во најдобар случај), но мајката е полна со радост.

Што се случува? Како мајката, така и бебето, се насладуваат од желбата на детето да добие храна. Но додека детето е концентрирано на својот желудник, задоволството на мајката е далеку поголемо, безгранично, затоа што таа е среќна што може да му даде на своето дете. Таа е концентрирана на него, а не на себе.

Истото може да се каже за Природата. Кога би ја знаеле нејзината желба ние би ја исполниле и би почувствувале задоволство од давањето. Повеќе од тоа, ние тоа не би го осетиле на инстинктивно ниво, како мајката во однос на своето дете, туку на духовното ниво на нашата заемна поврзаност со Природата.

На хебрејски – изворниот јазик на кабалата – намерата се нарекува „*кавана*". Така, за да се предизвика „*шикун*", потребно ни е да ги обезбедиме своите желби со правилна „*кавана*". Награда за „*шикун*" и присуството на „*кивана*" ќе биде исполнувањето на последната, највозвишената од сите желби – стремежот кон духовноста, кон Создателот. Кога таа желба се исполнува, човекот го достигнува системот кој управува со реалноста, зема учество во нејзиното создавање, и конечно, добива клучеви од својот живот во свои раце.Таквата личност повеќе не ги доживува состојбите на животот и смртта како ние, туку лесно и радосно лебди во вечноста, во бескрајниот тек на блаженството и единството, споена со Создателот.

Накратко

Постојат пет нивоа на желби, поделени на три групи. Во првата група спаѓаат животинските желби (храна, репродукција и дом), во втората – човечките желби (пари, углед, знаење), во третата – духовната желба („точка во срцето").

Додека првите две групи беа активни, ние се задоволувавме со воспитување на своите желби на овој или оној начин, или ги потиснувавме. Со појавата на „точката во срцето" првите два начини стануваат неефективни, и се јавува потреба за изнаоѓање на нови. Токму тогаш кабалата, скриена во текот на илјадници години во очекување на моментот, повторно се покажува кога ќе се јави потреба за неа.

Кабалистичката мудрост претставува средство за нашата поправка („*тикун*"). Користејќи ја, ние ќе можеме да ја измениме својата намера („*кавана*") од желбата да им угодуваме на своите каприци, или на егото, во желба да се донесе радост на сè што постои – Природата, Создателот, наречено алтруизам.

Глобалната криза, која ја доживуваме денес, всушност е криза на желбите. Ако ја искористиме мудроста на кабалата за задоволување на последната, најголемата од сите желби – стремежот кон духовноста, сите проблеми автоматски ќе се решат, бидејќи нивниот корен лежи во духовното незадоволство, кое го чувствуваат многу луѓе.

Трет дел. Потекло на создаденото

Откако утврдивме дека денес созреала реалната потреба за изучување на кабалата, дојде време да дознаеме некои основи на оваа мудрост. Без оглед на тоа што форматот на оваа книга не дозволува детално да се испитаат Вишите светови, кон крајот на овој дел ќе можете да стекнете прилично цврсти основни знаења, за да можете, ако посакувате, да продолжите со подлабоко изучување на кабалата.

Да кажеме неколку збора за цртежите: кабалистичките книги содржат, како и секогаш, голем број цртежи. Тие шеми помагаат во опишувањето на духовните состојби, или структурите. Уште одамна кабалистите ги користеле како средства за објаснување на своите доживувања на патот кон духовното достигнување. Меѓутоа, многу е важно да се запомни дека цртежите не прикажуваат слики на материјалните објекти. Тоа се само шеми кои служат за објаснување на духовните состојби, поврзани со најтаинствените односи на човекот со Создателот, со Природата.

Духовни светови

Созданието – тоа е желба да се прима задоволство, чиј развој поминал низ четири фази. Токму последната од нив е „суштеството" (цртеж 1). Таква матрична структура на еволуцијата на желбата е основа на сите нешта.

На цртежот 1 е прикажан чинот на создавањето. Ако го разгледаме како процес, тоа ќе ни помогне да запомниме дека цртежите ги отсликуваат емоционалните, духовни состојби, а не некакви места или предмети. Пред да се почне со создавање, треба сè да се осмисли и да се испланира. Во овој случај ние говориме за суштеството и мотивот за неговата појава. Ја нарекуваме „Замисла на Создавањето".

Во првиот дел споменавме дека во античко време, стравот од Природата ги принудувал луѓето да ја бараат нејзината замисла за нив и за целото човештво. Од набљудувањата тие откриле дека Природата испланирала за нас да примаме задоволства. Но не станува збор за какви било задоволства какви што можеме да почувствуваме во овој свет. Природата (тоа што го подразбираме под поимот Создател) сака ние да примаме сосема посебен вид задоволство – задоволството при стануањето сличен на Него, Создателот.

Затоа, ако го погледнете цртежот 1, ќе видите дека Замислата на Создавањето, всушност претставува желба да се причини задоволство (наречено „Светлина") на сите суштества. Тоа е истовремено извор на целото создавање,

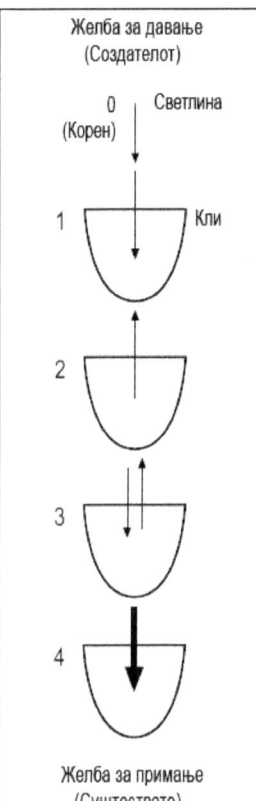

Цртеж 1: Пет фази на развојот на желбата за примање. Стрелките кон надолу ја означуваат влегувачката светлина на Создателот; Стрелките кон нагоре ја означуваат желбата на суштеството да го задоволи Создателот.

наш заеднички корен и почеток. Кабалистите го употребуваат терминот „*кли*" (сад, прималиште) за опишување на желбата да се прима задоволство – Светлина. Сега е појасно зошто тие ја нарекле кабалата „наука за примањето".

Исто така, тие имале добра причина задоволството да го наречат Светлина. Чувствувајќи го Создателот, ова „*кли*" (суштество, личност) достигнува голема мудрост, слична на просветлување, небаре гледа светлина. Кога тоа се случува, станува очигледно дека манифестираната мудрост секогаш била тука, само во скриена состојба. Така, темнината на ноќта се менува со светлина на денот, и невидливото станува видливо. Бидејќи Светлината носи знаење, кабалистите ја нарекуваат „Светлина на Мудроста", а методот за нејзино добивање, „мудрост на кабалата".

Четири основни фази

Да се вратиме кон нашата историја. За практично да ја реализира Својата Замисла – да се подарува задоволство, Создателот замислил такво суштество, кое сака да прима точно такво задоволство – да биде сличен на Него. Ако имате деца, познати ви се родителските чувства. Има ли нешто попријатно за таткото од зборовите: „Вашиот син – е ваша слика и прилика"?

Како што рековме, Замислата на Создателот – да се подарува насладување на суштеството – е извор на животот. Поради тоа, Замислата на Создавањето се нарекува „почетна фаза" или „нулта фаза", а желбата да прима насладување – „прва фаза". Кабалистите исто така Создателот го нарекуваат „желба за давање", а суштеството – „желба за примање на насладување и задоволство" или едноставно „желба за примање".

Понатаму ќе зборуваме за нашето восприлање на Создателот, но сега е многу важно да се разбере дека кабалистите секогаш ни кажуваат за она што тие го восприлаат.

Тие не тврдат дека Создателот поседува желба за давање, меѓутоа велат дека она што го гледаат од Создателот е желба и волја да дава, и затоа тие го нарекуваат Создателот „желба за давање". Бидејќи тие откриле во себе желба да ги примаат задоволствата пратени од Создателот, се нарекувале себеси „желба за примање"

> *Забележете дека нултата фаза е прикажана со стрелка, насочена надолу. Каде и да видите стрелка насочена надолу, таа означува Светлина, која произлегува од Создателот кон суштеството. Меѓутоа, никогаш не се случува обратното: ако стрелката е насочена нагоре, тоа воопшто не значи дека суштеството дава Светлина на Создателот, туку подразбира желба на суштеството да Му ја врати подарената Светлина. Што се случува кога двете стрелки покажуваат спротивна насока? Читајте понатаму и наскоро ќе дознаете.*

Така, желбата за насладување е суштината на создавањето, првото создание. Кога суштеството – желбата за примање – чувствува дека насладувањето доаѓа од Давателот, тоа осознава дека вистинското насладување е во давањето, а не во примањето. Како резултат на тоа, желбата за примање почнува да се претвора во желба за давање (погледајте ја стрелката насочена нагоре, која излегува од второто „кли" – садот, на цртежот). Тоа е сосема нова фаза – втората фаза.

Да испитаме што е карактеристично за оваа фаза. Ако го погледнеме самото „кли", ќе забележиме дека тоа не се менува од фаза во фаза. Тоа значи дека желбата за примање е исто активна како и порано. Бидејќи оваа желба е создадена со Замислата на Создавањето, таа е вечна и постојана.

Сепак во втората фаза желбата за примање сака да го прими задоволството од давањето, а не од примањето – и оваа промена е темелна. Разликата е во тоа што на втората фаза ѝ е потребно постоење на друго суштество, на кое може да му дава. Со други зборови, се мисли на позитивните заемни односи со некој или нешто, освен Давателот.

Втората фаза поттикнува на давање, не земајќи ја предвид првичната желба за примање – токму тоа нешто го прави животот возможен. Без неа, родителите не би се грижеле за децата, а општествениот живот би бил незамислив. На пример, ако сум сопственик на ресторан, тогаш сакам да заработувам пари, но на крајот ги хранам странците, за кои во принцип не сум заинтересиран. Истото важи за банкарите, таксистите и за сите други.

Сега можеме да разбереме зошто закон на Природата е алтруизмот – давањето, а не примањето. Желбата да се прима е положена во основата на постапката на секое суштество, што е карактеристика на првата фаза, примањето. Од моментот кога суштеството ќе ги почувствува двете желби – давањето и примањето – сѐ што ќе се случува со него ќе се должи на „заемните односи" меѓу овие две фази. Како што прикажавме, желбата за давање од втората фаза тера на комуницирање, барање на оние кои имаат потреба од примање. Така втората фаза почнува со анализирање. Што може да му се даде на Создателот? Всушност кому уште може да му даваме?

Меѓутоа, кога суштеството во втората фаза навистина се обидува да дава, открива дека давањето е единствената желба на Создателот. Тој нема ниту најмала желба да прима. Што воопшто суштеството може да му даде на Создателот?

Згора на тоа, суштеството во втората фаза открива дека всушност неговата вистинска желба од првата фаза е насочена кон примање. Тоа почнува да сфаќа дека основата на неговото постоење е желбата да прима уживање и радост, во која нема ниту најмал стремеж кон вистинско давање. Сепак во тоа лежи решението на проблемот, бидејќи Создателот сака само да дава, суштеството може да Му ја подари само желбата за примање.

Може да ве збуни оваа ситуација. Сетете се на задоволството кое го доживува мајката што го храни бебето и ќе сфатите дека на мајката ѝ причинува задоволство само тоа што бебето сака да јаде.

Значи, третата фаза на желбата за примање се карактеризира со свесен избор за примање, со тоа што ѝ возвраќа на почетната фаза, на Создателот. Сега го затвораме кругот, и двајцата учесници на играта стануваат даватели: нулта фаза – Создател – дава на Своето суштество, кое претставува прва фаза; а суштеството, поминувајќи ги првата, втората и третата фаза, примајќи, го враќа применото на Создателот.

 Еден од најупотребуваните кабалистички термини е – „сефирот". Зборот доаѓа од хебрејски и е поврзан со зборот „сапир" (светлечки). Секоја сефира (еднина од сефирот) поседува своја уникатна Светлина. Освен тоа, секоја од тете фази е наречена според една или неколку сефирот. Нултата фаза се нарекува Кетер, првата – Хохма, втората – Бина, третата – Зеир Анпин и четвртата – Малхут. Сè на сè, во реалноста има десет сефирот, бидејќи Зеир Анпин се состои од шест

сефирот: Хесед, Гвура, Тиферет, Нецах, Ход и Јесод. Така што комплетниот список на сефирот е следниот: Кетер, Хохма, Бина, Хесед, Гвура, Тиферет, Нецах, Ход, Јесод и Малхут.

На цртежот 1 стрелката насочена надолу во третата фаза покажува дека нејзиното дејство е примањето, како и во првата фаза, а насочената стрелка нагоре, покажува дека нејзината намера е – давањето, како и во втората фаза. Уште еднаш истакнуваме дека желбата за примање останува неизменета како во првата, така и во втората фаза. Како што веќе видовме, причината за сите проблеми со кои се соочуваме во светот, лежи во егоистичните намери. Тука, во основата на создавањето, намерата е многу поважна од самото дејство.

Јехуда Ашлаг дури тврди дека, кажано метафорично, третата фаза се карактеризира со десет проценти примање и деведесет проценти давање. Значи, се чини дека имаме совршен циклус, во кој Создателот постигнал успех – го направил суштеството исто како Себе, Давател. Згора на тоа, суштеството ужива во давањето, а со тоа му причинува задоволство на Создателот.

Сепак, дали со тоа завршува Замислата на Создавањето? Не сосема. Чинот на примањето (прва фаза) и сфаќањето дека единствената желба на Создателот – е давањето (втора фаза), поттикнуваат во суштеството стремеж да се достигне Неговата состојба (трета фаза). Ако суштеството станува давател, тоа воопшто не значи дека ја достигнало состојбата на Создателот, завршувајќи ја на тој начин Замислата на Создавањето; тогаш сè би завршило со третата фаза.

Да се достигне статусот на Создател за суштеството значи не само да стане давател, туку да ја има иста замисла како Давателот – Замислата на

Создавањето. Наоѓајќи се во таа состојба, тоа ќе сфати со каква цел бил создаден циклусот Создател – суштество, а исто така и зошто Создателот го создал суштеството. Сосема е јасно дека желбата да се сфати Замислата на Создавањето е апсолутно нова фаза на постоењето.

Единствената споредба која може да се направи е дете, кое се стреми да стане исто толку силно и мудро како неговите родители. Ние инстинктивно погодуваме дека тоа е можно само кога детето ќе стане родител. Токму затоа тие често им велат на своите деца: „Чекај, додека добиеш свои деца – тогаш сè ќе сфатиш".

Во кабалата Замислата на Создавањето – најдлабокото ниво на спознавањето – се нарекува „достигнување" (разбирање). Токму кон тоа се стреми желбата за примање во последната фаза – четвртата. Стремежот да се разбере Замислата на Создавањето е најмоќната сила, својствена на суштеството. Тој го покренува целиот еволутивен процес. Дали сме свесни или не, скриеното знаење кон кое се стреми целото човештво е да разбере зошто Создателот го прави тоа што го прави. Истиот тој стимул пред илјадници години ги поттикнал кабалистите да ги откриваат тајните на создавањето. Додека не го разбереме тоа – нема да се смириме.

Потрага по Замислата на Создавањето

Без оглед на тоа што Создателот сака ние да добиваме наслодување од сличноста со Него, во почеток Тој не ни ја дава оваа желба. Сè што ни дава – на суштеството, на заедничката душа *Адам ха Ришон* – тоа е максимална жед за наслодување. Но, како што гледаме од редоследната промена на фазите, желбата да се поистоветиме со Создателот сепак постепено се развивала во суштеството. Со тоа циклусот би можел да заврши, бидејќи суштеството веќе почнува да го прави истото што и Создателот – давање. Во таа смисла тие веќе ја достигнале сличноста.

Меѓутоа суштеството не се задоволило со самото давање. Тоа сакало да разбере што го прави радосно давањето, што дава енергија потребна за создавање на реалноста, и каква мудрост добива давателот преку давањето. Накратко, суштеството сакало да ја разбере Замислата на Создавањето. Токму таа желба била нова, Создателот првично не ја „планирал", не ја вметнал во суштеството.

Во таа етапа на потрагата по Замислата, суштеството се одделува, се изолира од Создателот. Тоа може да си го претставиме вака. Ако јас сакам да се поистоветам со некого, тоа значи дека јас сфаќам дека постои некој друг. Го поседува тоа што јас го посакувам и е таков каков што јас би сакал да станам. Со други зборови, јас не го осознавам само постоењето на Некој друг освен мене, туку ја разбирам и Неговата различност од мене. Не само што е различен, туку е подобар. Зошто инаку јас би сакал да се поистоветам со Него?

Така, Малхут, четвртата фаза, значајно се разликува од првите три фази, бидејќи се стреми да добие сосема посебен вид задоволства (на цртежот е прикажана со поцрна стрелка) – да се

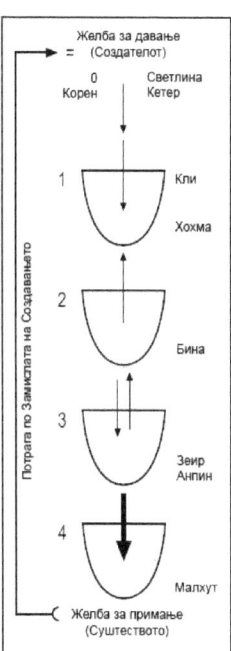

Цртеж 2: Стрелката од Малхут до Создателот ја покажува насочената желба на Малхут да стане еднаков со Создателот.

идентификува со Создателот. Од гледна точка на Создателот, желбата на Малхут ја завршува Замислата на Создавањето – тој циклус, кој Тој првично го замислил (цртеж 2).

За жал, ние ништо не разгледуваме од позицијата на Создателот. Кога гледаме од тука, оздола, па уште преку скршени духовни очила, сликата што ја гледаме е далеку од идеална. Бидејќи *кли* (личноста), целосно спротивно на Светлината, е способно да се поистовети со таа Светлина само во случај ако ја користи желбата за примање со *намера* за давање.

Постапувајќи така, го преместува фокусот на вниманието од сопственото задоволство, врз радоста на Создателот добиена со давањето. Тогаш *кли* исто така станува давател.

Всушност, примањето поради давање на Создателот, се манифестирало уште во третата фаза. Значи, што се однесува на дејствата на Создателот, во таа фаза работата за поистоветување на суштеството со Него, веќе е завршена. Создателот дава поради давање, а третата фаза прима со намера да даде. Значи, тие се обединети во однос на целта.

Меѓутоа, најголемото задоволство не се состои во тоа да се знае што прави Создателот и да се копираат неговите дејства, туку во тоа да се сфати *зошто* Тој тоа го прави, и да се имаат исти *мисли* како Неговите. Овој највисок аспект на Постоењето – намерата за давање на Создателот – не било првично вметнато во создавањето. Тоа е она што треба суштеството самостојно да го достигне (четврта фаза). Од една страна, се чини дека ние со Создателот се наоѓаме на спротивни позиции, бидејќи Тој е Давател, а ние – приматели. Но всушност, најголемото насладување за Создателот е да се поистоветиме со него, а најголемо задоволство за нас е да станеме слични на Создателот.

Исто така, како што секое дете сака да личи на родителите, се разбира дека и секој родител мечтае неговите деца да го достигнат истото што и тој, дури и да го надминат. Всушност, излегува дека ние со Создателот имаме иста цел. Кога би биле свесни за таа идеја, нашиот живот би можел кардинално да се промени. Наместо да паѓаме во паника и да страдаме од губење на насоките, а тоа денес го чувствуваат многу од нас, и ние и Создателот би можеле заедно да се насочуваме кон целта на Создавањето, која ни е доделена од памтивека.

За да се поистовети со Создателот, давателот *кли* прави две работи. Прво: престанува да прима, извршува дејство наречено „*цимцум*" (ограничување). Притоа, *кли* целосно ја блокира Светлината, не дозволувајќи ѝ да навлегува внатре. Така, *цимцум* е првиот и наједноставен чекор на патот кон поистоветувањето со Создателот. Користејќи го секојдневниот пример, може да се рече дека полесно е целосно да се откажеш од вкусна, но штетна храна, отколку да јадеш малку и да го оставаш поголемиот дел во чинијата.

За да ја опишат желбата за давање, кабалистите се служат со многу термини: Создател, Светлина, Давател, Замисла на Создавањето, Нулта фаза, Почетна фаза, Кетер, Бина и др. Слично на тоа, за опишување на желбата за примање тие користат разни дефиниции: суштество, кли, приматели, прва фаза, Хохма и Малхут – се само некои од нив. Тие термини ги опишуваат посебните аспекти на две особини – давањето и примањето. Ако го запомниме тоа, тогаш големиот број на термини нема да нè збунува.

Второто дејство кое го извршува Малхут – е создавање на механизам што обезбедува испитување на Светлината (насладувањето) кој одредува вреди ли таа да се прима, и ако вреди, тогаш до кој степен. Овој механизам се нарекува „*масах*" (екран). Факторот кој го одредува количеството на примената Светлина за *масах*, се нарекува „цел на давањето" (цртеж 3).

Едноставно кажано, *кли* го зема во себе само тоа што може да го прими, со намера да причини задоволство на Создателот. Светлината примена од *кли* се нарекува „Внатрешна Светлина", а Светлината останата надвор – „Опкружувачка Светлина". Завршувајќи го процесот на поправање, *кли* ќе ја прими целата Светлина на Создателот и ќе се спои со него. Токму во тоа е целта на Создавањето.

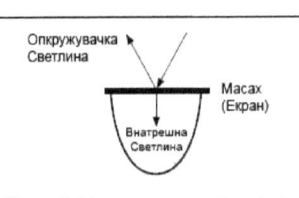

Цртеж 3: Масах – тоа е линија, која ја одделува Светлината што суштеството може да ја прими со намера да му причини задоволство на Создателот (Внатрешна Светлина) и Светлина, која тоа не може да ја прими со таа намера (Опкружувачка Светлина).

Кога ќе ја достигнеме оваа состојба, ние ќе ја почувствуваме, сите заедно како еден организам, и секој одделно, бидејќи совршеното, конечно *кли* не се состои од желбите на еден човек, туку на целото човештво. Значи, завршувајќи ја последната поправка, ние ќе станеме исти со Создателот. Четвртата фаза ќе биде реализирана и создавањето ќе биде довршено од наша страна, токму онака како што е довршено од Негова.

Пат

За да се изврши задачата за поистоветување со Создателот, прво што суштеството треба да стекне е правилно опкружување, кое ќе му овозможи да се развива и да станува сличен на Создателот. Тоа опкружување се нарекува „светови".

ОТКРИЕНА КАБАЛА 61

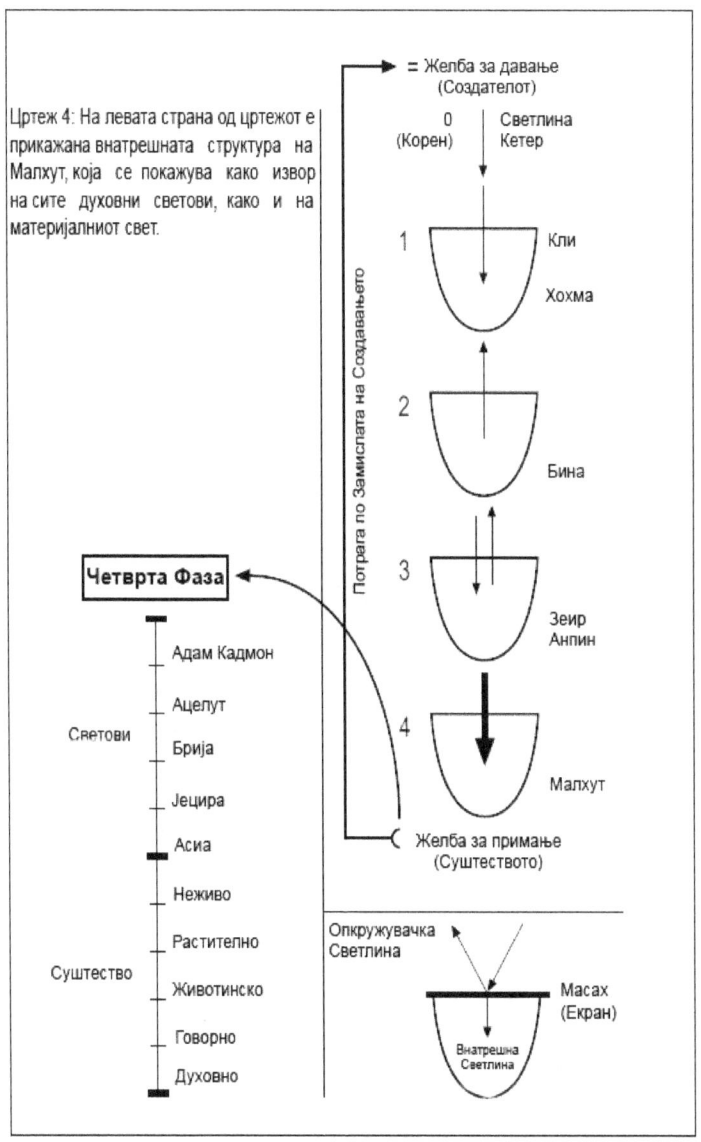

Цртеж 4: На левата страна од цртежот е прикажана внатрешната структура на Малхут, која се покажува како извор на сите духовни светови, како и на материјалниот свет.

Во четвртата фаза суштеството се поделило на два дела: горен и долен. Горниот дел ги формира световите, а долниот – суштеството, кое целосно им припаѓа на овие светови. Може да се каже дека световите се состојат од желби. Во нив *масах* ја пропушта Светлината во четвртата фаза. Суштеството се состои од желби, во кои *масах* не дозволува да продре Светлина. Погоре во овој дел говоревме дека четирифазниот модел е основа на животот на сите нешта.

Така, световите еволуираат на ист принцип кој дејствувал при формирањето на овие четири фази. Во левиот дел од цртежот 4 се наведени составните делови на четвртата фаза, поделени на горен и долен дел, од кои на горниот му припаѓаат световите, а на долниот – суштеството.

Горе и доле , врв и дно

Познато ни е дека Суштеството се состои само од желбата да прима наслaдувања и задоволство. Значи, горе и доле не се однесуваат на некој простор, туку на желбите кои се или возвишени, или животински. Со други зборови, возвишените желби ги цениме повеќе отколку тие кои ги сметаме за животински. Во случајот на четвртата фаза, секоја желба која може да се искористи за давање на Создателот, припаѓа на врвот, а секоја желба која не може да се искористи за таа цел, припаѓа на дното.

Бидејќи постојат пет нивоа на желбите – неживо, растително, животинско, човечко и духовно – секое од нив треба да се анализира. Остварливите желби создаваат светови, а сè уште неостварливите го создаваат суштеството. Во врска со ова подетално ќе позборуваме за четвртата фаза и нејзината работа со *масах*.

Сепак, четвртата фаза сме ние, и затоа ако разбереме како таа функционира, ќе можеме да дознаеме нешто за себе. Четвртата фаза – *Малхут* – не се појавила од никаде. Таа е резултат на развојот на третата фаза, која пак, е резултат на развојот на втората фаза итн.

Слично на тоа, Абрахам Линколн, како претседател на САД, не се појавил од непостоењето. Од бебето Ејб, тој се претворил во мало дете, потоа во младо момче, потоа во зрел маж, кој на крај станал претседател на држава. Тие меѓуфази на неговиот раст не исчезнале. Да ги немало, претседателот Линколн никогаш не би станал претседател Линколн.

Причината зошто ние не можеме да ги видиме е во тоа што највисокото ниво на развојот секогаш ги апсорбира и ги прекрива пониските нивоа. Но тоа последно, највисоко ниво не само што го чувствува нивното постоење во себе, туку и соработува со нив. Токму затоа ние понекогаш се чувствуваме како деца, посебно кога се засегнати нашите слаби точки, кои не се заштитени со слоевите на „созревањето". Тогаш се чувствуваме беспомошни како деца. Таквата повеќеслојна структура ни овозможува подоцна да станеме родители. Во процесот на воспитувањето на децата, ние ја споредуваме фазата во која се наоѓаме, со фазите што ѝ претходат. Познати ни се ситуациите на нашите воспитаници, бидејќи ние сме доживувале слични искуства. Тогаш ние го применуваме искуството и знаењата, стекнати во текот на многу години.

Причината за таквата структура на човекот е во тоа што *Малхут* (ќе ја нарекуваме оваа фаза според општопознатото име) е изградена на сличен начин. Сите фази, кои ѝ претходат на *Малхут*, постојат во неа и придонесуваат во поддршката на нејзината структура. За да стане што послична со Создателот, *Малхут* го анализира секое ниво од скриените во неа нивоа на желбите. Ги дели на желби со кои се работи (остварливи) и на желби со кои не се работи (неостварливи), во рамките на секоја од нив.

 Од сето што го дознавме досега, уште не е јасно кој од петте светови е нашиот свет. Не треба да се заборава дека во духовната димензија нема „места", туку само состојби. Колку е повисок светот, толку поалтруистична состојба тој претставува. Нашиот свет никаде не се споменува, бидејќи духовните светови се алтруистички, а нашиот, како и ние, е егоистичен. Бидејќи егоизмот е спротивен на алтруизмот, нашиот свет е одделен од системот на духовните светови. Токму затоа кабалистите не го споменуваат во структурата што ја опишуваат. Згора на тоа, световите, всушност, не постојат ако ние самите не ги изградиме, поистоветувајќи се со Создателот. За нив се раскажува во минато време, затоа што кабалистите, искачени од нашиот свет во духовните светови, ни раскажале за своите „наоди" на патот кон искачувањето. Ако и ние сакаме да ги пронајдеме своите духовни светови, ќе треба да ги создадеме во себе, станувајќи алтруисти.

Меѓутоа, остварливите желби ќе се користат не само за примање со давањето што ќе следува, туку и за помагање на Создателот во решавањето на проблемот што стои пред Него – да ја направи *Малхут* слична на Себеси.

Погоре кажавме дека за извршување на задачата за поистоветување со Создателот, суштеството треба да создаде правилно опкружување кое ќе му овозможи да се развива и да ја достигнува таа сличност. Токму со тоа се ангажирани *световите* – остварливите желби. Тие им „покажуваат" на желбите кои не можат да создаваат светови (неостварливите), како треба да се прима поради давање на Создателот. Така им помагаат да се поправат.

Односот меѓу световите и суштеството може да се прикаже како група на градежници, од кои еден не знае што да прави. Световите го обучуваат суштеството демонстрирајќи го начинот на извршување на секоја операција: како да се дупчи, како да се служи со чекан, со нивелатор итн. Во духовниот однос пак, световите му демонстрираат на суштеството што им дал Создателот, и како тие го користат тоа на правилен начин. Постепено суштеството може да почне да ги користи своите желби на ист начин. Ете зошто желбите во нашиот свет се манифестираат постепено, почнувајќи од најумерените, до најинтензивните.

Желбите се поделени на следниот начин: светот *Адам Кадмон* претставува остварлив дел од неживото ниво, а неживото ниво на дното во суштеството, е неостварлив дел. Всушност, на неживото ниво нема што да се поправа, бидејќи тоа е фиксно и не ги користи своите желби. Неживото ниво (во двата дела) е само коренот на сето она што следува после него.

Следниот свет, *Ацилут*, е остварлив дел од растителното ниво, а растителното ниво на дното во суштеството е неостварлив дел. Светот *Брија* е активен, остварлив дел на животинското ниво, а животинското ниво на дното во суштеството е пасивен, неостварлив дел. Светот *Јецира* е остварлив дел од човечкото ниво, а човечкото ниво на дното во суштеството, е неостварлив дел. И конечно, светот *Асија* е активен, остварлив дел од најсилното духовно ниво на желбите, а духовното ниво на дното во суштеството, е пасивен, неостварлив дел.

Сега ви е познато зошто ако го поправиме целото човештво, сè друго ќе се поправи во истиот момент. Тогаш, да зборуваме за нас и за тоа што нам ни се случило.

Адам ха Ришон – заедничка душа

Адам ха Ришон, заедничката душа (суштеството) е исконски корен на сè што се случува. Тоа е структура на желби, создадени како резултат на формирањето на духовните светови. Како што е кажано погоре, петте светови – *Адам Кадмон, Ацилут, Брија, Јецира и Асија* – го завршиле формирањето на врвот од четвртата фаза. Меѓутоа нејзиното дно сè уште има потреба од развој.

Со други зборови, душата се состои од неактивни, неостварливи желби, кои не можеле да ја примат Светлината со намера да ја дадат на Создателот, кога биле за првпат создадени. Сега, тие треба да се манифестираат еднопоруго, и да станат поправени – остварливи – со помош на световите, остварливите желби. Слично како на врвот од четвртата фаза, нејзиното дно се дели на неживо, растително, животинско и човечко ниво на желби. Развојот на Адам ха Ришон се одвива по ист редослед како и развојот на световите и четирите основни фази. Меѓутоа, желбите на Адам се егоистички, егоцентрични и затоа не можат, пред сè, да примат Светлина. Како резултат на тоа, ние – делчиња на Адамовата душа – го изгубивме чувството на целина и единство, кое го чувствувавме првично кога бевме создадени.

Потребно ни е да го разбереме принципот на функционирањето на духовниот систем. Желбата на Создателот е насочена кон давање, затоа Тој нè создаде, и затоа го поддржува нашето постоење. Како што веќе кажавме, желбата за примање е егоцентрична по својата природа. Таа граба за себе, а желбата за давање е доследно насочена надвор од себе, и ги зема предвид интересите на примателот.

Бидејќи Создателот сака да дава, она што е од Него создадено задолжително ќе сака да прима, инаку Неговата желба нема да може да се исполни, не би бил во состојба да создава. Затоа Тој нѐ создал со желба за примање, и ништо друго. Многу е важно да се сфати дека ние немаме и не треба да имаме ништо освен желбата за примање. Значи, ако ние ги примаме даровите од Создателот, кругот се затвора. Тој е среќен, среќни сме и ние. Така ли е? Всушност, не сосема.

Бидејќи ако ние посакуваме само да примаме, тогаш ние не можеме да воспоставиме врска со Давателот, затоа што во нас ја нема способноста да погледнеме надвор од нас, за да видиме од каде доаѓа дарот. Излегува дека ние треба да имаме желба за примање, но истовремено треба да го знаеме Давателот, а за тоа ни е потребна желбата за давање. Затоа кај нас постојат првата и втората фаза.

Добивањето на двете желби не значи создавање на нова желба која не е положена во нас од Создателот. За да ја добиеме, треба да се фокусираме исклучиво на задоволството кое му го причинуваме на Давателот, а не на сопственото задоволство, кое може, но и не мора да го доживуваме во процесот на примањето. Тоа се нарекува „намера за давање". Од една страна, таа е суштина на поправањето, а од друга, нѐ претвора како човечки суштества, од егоисти во алтруисти. Кога на крај ја добиваме оваа особина, можеме да воспоставиме врска со Создателот. Да претпоставиме дека на тоа треба да нѐ научат духовните светови.

Додека не ја почувствуваме својата поврзаност со Создателот, ние сме парчиња на душата на *Адам ха*

Ришон, неисправени желби. Тогаш, кога кај нас ќе се создаде намерата за давање, ние се поправаме и воспоставуваме врска како со Создателот, така и со целото човештво. Кога пак сите ќе се поправиме, тогаш сите повторно ќе се кренеме кон својата Почетна Фаза, над светот *Адам Кадмон*, кон самата Замисла на Создавањето, наречена *Ејн Соф* (Без крај), бидејќи нашата реализација ќе биде бескрајна и вечна.

Накратко

Замислата на Создавањето е да се подарува задоволство и радост, правејќи го суштеството слично на неговиот Создател. Таа Замисла (Светлина) создава желба да се прима наслaдување и радост. Потоа желбата за примање почнува да се претвора во желба за давање, што повеќе му одговара на Создателот, и несомнено е подобро. Тогаш таа (желбата за примање) донесува одлука да прима, бидејќи тоа е начин да му причини задоволство на Создателот. Освен тоа, таа сака да ја дознае Замислата на своето создавање, бидејќи нема поголема радост, одошто да се знае сѐ.

На крај, желбата за примање (суштеството) почнува да прима со намера за давање, бидејќи давањето го прави сличен на Создателот. Благодарение на тоа, суштеството може да ги разбере Неговите мисли. Желбите насочени кон примање поради давање, формираат светови кои се сметаат како врв на Создавањето, додека желбите кои не можат да се искористат за давање, ја прават заедничката душа *Адам ха Ришон*. Тие желби се сметаат како дно на Создавањето.

Световите и душата имаат слична структура, но различна сила на желбите. Затоа, световите можат да ѝ покажат на душата што треба да прави за да научи да дава, и така помагаат во поправањето на душата на Адам. Може да се рече дека секоја желба се поправа во одреден свет: неживото ниво се поправа во светот *Адам Кадмон*, растителното – во светот *Ацилут*, животинското – во светот *Брија*, човечкото – во светот *Јецира*, а стремежот кон духовноста може да се поправи само во светот *Асија*, чие дно е нашата материјална вселена. Оваа констатација нè води до темата од следниот дел.

Четврт дел. Нашата вселена

Во почетокот од претходниот дел говоревме дека на чинот на создавањето му претходела Замислата на Создавањето. Таа Замисла ги создала фазите – од првата до четвртата – желбата за примање, која ги создала световите – од светот Адам Кадмон до светот Асија – кои го создадоа Адам ха Ришон. Тој се разбил на огромен број души, кои ние денес ги имаме. Многу е важно да се запомни редот на создавањето, бидејќи тоа ни помага да сфатиме дека секој развој се одвива од духовното кон материјалното, а не обратно.

Во практична смисла тоа значи дека нашиот свет е создаден од духовните светови, и се наоѓа под нивна управа. Згора на тоа, не постои ниту едно случување во нашиот свет, кое првин не се случило горе. Единствената разлика меѓу нашиот свет и духовните светови е во тоа што случувањата во духовните светови ги одразуваат алтруистичките намери, а случувањата во нашиот свет – егоистичките.

Повеќестепената структура на световите дозволува да го наречеме нашиот свет „свет на последици" од духовните процеси и случувања. Што и да направиме тука, тоа никако не влијае на духовните светови. Значи, ако ние сакаме да смениме нешто во нашиот свет, прво треба да се издигнеме во духовните светови, до контролната табла на нашиот свет, и да извршиме влијание од таму.

Пирамида

Како во духовните, така и во нашиот свет, целиот развој поминува пет фази, од нултата до четвртата. Нашиот свет се гради слично на пирамидата. Долу, кај изворите на еволуцијата на овој свет се наоѓа неживото ниво, кое се состои од трилиони тони материја (цртеж 5). Загубена во тие трилиони тони материја се наоѓа мала искра, наречена „планета Земја". Токму на таа планета започнал растителниот период на развојот на желбата. Нормално, масата на растителноста на планетава е бесконечно помала од масата на неживата материја, и уште помала од количеството на материјата на целата вселена.

Животните се појавиле после растенијата, и нивната маса не е голема, дури и во споредба со растенијата. Суштествата што говорат се појавиле последни, и нивната маса е најмала.

Цртеж 5 Пирамидата на реалноста е всушност и пирамида на желбите. Таа има сила како во духовните светови, така и во нашиот материјален свет.

Во последно време, од човечкото ниво се развило следното наречено „духовно ниво" или „духовност". (Бидејќи тука говориме за геолошките ери, зборовите „последно време" означуваат, дека „староста" на тие настани се мери со неколку милениуми).

Ние не можеме севкупно да го опфатиме целото Создавање, но ако ја разгледаме неговата пирамида (цртеж 5) и го замислиме секој пропорционален однос на две соседни нивоа, ние ќе почнеме да сфаќаме колку е необичен и нов стремежот кон духовноста. Всушност, ако го замислиме времето на постоењето на вселената (а тоа е околу 15 милијарди години) како еден ден составен од 24 часа, стремежот кон духовноста се појавил пред 0,0288 секунди. Според мерилото на геолошките ери, тоа значи „сега". Значи, од една страна колку е повозвишена желбата, толку е поретка (и помлада).

Од друга страна, постоењето на духовното ниво над човечкото покажува дека нашата еволуција уште не е завршена. Еволуцијата ја задржува истата динамика, но бидејќи сега ние се наоѓаме на нејзиното последно манифестирано ниво, нормално дека го сметаме за повисоко. Можеме да се наоѓаме на врвното ниво, но тоа не значи дека тоа ќе биде завршно. Ние се наоѓаме на последното од веќе реализираните нивоа. Завршното ниво сугерира дека нашите тела ќе останат исти, но кардинално ќе се смени мислењето, чувствата и начинот на живеење. Сето тоа веќе созрева во нас и се нарекува „духовно ниво".

Ќе нема потреба од никакви физички промени, никакви нови видови – само внатрешни промени во нашето восприmање на светот. Токму затоа следната фаза е така неостварлива; таа е скриена во нас, запишана во нашите „*решимот*" (духовните гени), како податоците на хард дискот. Таа информација ќе биде прочитана и спроведена на дело независно од тоа дали ние ја осознаваме или не. Но ние можеме да ја прочитаме и да ја спроведеме многу побрзо и поприjатно ако примениме правилен софтвер – мудроста на кабалата.

Како горе, така и долу

Ако се направи паралела меѓу фазите на развојот на Земјата и четирите фази на ширењето на Директната Светлина, тогаш ерата на минералите одговара на почетната фаза (нултата фаза), ерата на растенијата – на првата фаза, ерата на животните – на втората фаза, ерата на суштествата што говорат – на третата фаза, а ерата на духовнота – на четвртата фаза.

Огнената младост на Земјата траела неколку милијарди години. Кога планетата се оладила, на неа се појавиле растенија, кои станале доминантна форма на животот за многу милијарди години. Исто како што растителното ниво на духовната пирамида е многу потенко од неживото ниво, така и физичкиот растителен период бил пократок од периодот на неживото постоење на Земјата. По завршувањето на растителната фаза, дошол период на развојот на животинското ниво. Како и во првите два случаи, ерата на животните била многу пократка од растителната, пропорционално на односот на растителното и животинското ниво од духовната пирамида.

Човечката фаза, соодветна на човечкото ниво од духовната пирамида, продолжува последниве четириесетина илјади години. Кога луѓето ќе го завршат својот развој во четвртата (последна) фаза, еволуцијата ќе заврши, и човечкиот род ќе се соедини со Создателот. Четвртата фаза започнала пред околу пет илјади години, кога кај човекот прв пат се појавила *„точката во срцето"*.

Како и во духовниот свет, човекот кој за првпат ја осетил оваа точка, се викал Адам. Тоа бил *Адам ха Ришон* (Првиот Човек). Името Адам произлегува од хебрејскиот збор *„Едаме ла Елон"* („Јас Ќе Бидам Како Севишниот") и ја одразува желбата на Адам да се поистовети со Создателот.

Денес, на почетокот на XXI век, еволуцијата го завршува развојот на четвртата фаза – желбата за поистоветување со Создателот. Токму затоа сè повеќе и повеќе луѓе денес бараат духовни одговори на своите прашања.

Нагоре по скалата

Кабалистите зборуваат за духовната еволуција како за искачување по духовната скала. Затоа кабалистот Јехуда Ашлаг го нарекол својот коментар за книгата „Зохар" – „Перуш ХаСулам" („Коментар кон скалата на достигнувањата"), со што се удостоил на името Баал ХаСулам („Сопственик на Скалата"). Но, ако се вратиме малку поназад, ќе видиме дека „нагоре по скалата" всушност значи „назад кон изворот", и тоа бидејќи ние веќе бевме таму, но сега треба да откриеме како да се вратиме таму самостојно.

Изворот – тоа е нашата крајна цел, кон него е насочен нашиот пат. За да стигнеме до него брзо и безбедно, потребна ни е огромна желба – кли. Таков огромен стремеж кон духовноста може да дојде само од Светлината, од Создателот. Но за да стане доволно силен, потребна е поддршка од опкружувањето.

Треба нешто да се појасни: кога посакувам парче торта, јас ја замислувам – вкусот, бојата, мирисот, растопувањето во устата. Колку повеќе размислувам за неа, толку повеќе ја посакувам. Во кабалата тоа се дефинира како „тортата ми свети со Опкружувачка Светлина". Така, за да се посака духовност, потребно ни е да впиваме таква Опкружувачка Светлина, која ќе нè натера да посакаме духовни задоволства. Колку повеќе собираме таква Светлина, толку побрзо е нашето напредување.

Постои ли разлика, како да се нарекува Светлината – Опкружувачка светлина или само Светлина?
Разликата во називите „Опкружувачка Светлина" и „Светлина" се однесува на двете функции на една иста Светлина. Светлината, која не се смета за опкружувачка, ние ја доживуваме како насладување, додека пак Опкружувачката Светлина гради кли, сад, во кој некогаш ќе навлезе Светлината. Тие двете, всушност, претставуваат една иста Светлина, но чувствувајќи го нејзиното поправачко и формирачко влијание, ние ја нарекуваме Опкружувачка Светлина. Чувствувајќи ја пак, како чисто задоволство, ја нарекуваме Светлина.

Нормално, ние нема да добиеме Светлина додека не подготвиме кли. Меѓутоа Светлината е секогаш до нас, ги опкружува нашите души, исто како и Природата која е секогаш околу нас. Така, ако ние немаме кли, Опкружувачката Светлина го гради за нас, засилувајќи ја нашата желба за насладување.

Потребата за духовност се нарекува „креваење на МАН", а техниката на ова дејство е слична на засилувањето на желбата да се изеде тортата. Замислувајте духовни состојби, зборувајте, читајте, мислете на нив, правете сè што е можно за да се концентрирате на нив. Но најмоќно средство за засилување на секоја желба е општеството кое нè опкружува. Може да се искористи опкружувањето, за да се засили својата духовна желба – својата МАН, забрзувајќи го со тоа своето напредување.

Подетално за опкружувањето ќе говориме во шестиот дел, а сега да размислиме за него во следниот контекст. Ако сите околу мене посакуваат нешто исто и зборуваат за тоа, ако имаат само една желба, јас задолжително ќе го посакам истото. Во вториот дел истакнавме дека појавата на кли, желбата, го тера нашиот мозок да бара начин да го наполни тоа кли со Светлина (Ор) и да ја задоволи желбата. Колку поголемо е кли, толку повеќе има Светлина, колку повеќе има Светлина, толку побрзо може да се најде правилниот пат.

Прво, треба да се разбере како Опкружувачката Светлина создава кли, и зошто се нарекува Светлина. За да се разбере сето тоа, потребно е да се појасни концепцијата на „решимот".

Развојот на духовните светови и душата Адам ха Ришон се одвивал според одреден редослед. Во случајот на световите – *Адам Кадмон, Ацилут, Брија, Јецира и Асија*, а во случајот Адам ха Ришон фазите на еволуцијата добиле назив според видот на редоследно создаваните желби – нежива, растителна, животинска, човечка и духовна. Исто како што ние не го забораваме детството и во сегашниот живот се потпираме врз искуствата од минатото, така секоја завршена фаза на еволутивниот процес не исчезнува, туку се регистрира во нашата „духовна меморија".

Со други зборови, во нас е зачувана целата историја на нашата еволуција, почнувајќи од времето кога бевме единствени со Замислата на Создавањето, сè до денес. Да се искачиш по духовната скала – значи да се сетиш на тие состојби во кои ние веќе престојувавме, и да ги пронајдеш спомените.

На тие спомени им одговара називот „решимот" (сеќавања, белешки), и секое решимо (еднина од „решимот") опишува одредена духовна состојба. Бидејќи нашата духовна еволуција подлежи на одреден редослед, тогаш и решимот се манифестираат во нас по ист таков редослед.

Со други зборови, нашите идни состојби се веќе одредени, бидејќи ние не создаваме ништо ново, туку само се сеќаваме на настаните кои веќе ни се случиле, а за кои не сме свесни. Човекот може да одлучува само за едно – колку брзо може да се искачува по скалата (подетално за тоа ќе говориме во наредните делови). Колку повеќе напори вложуваме за време на искачувањето, толку побргу ќе се менуваат овие состојби, и нашиот духовен развој. Секое решимо е завршено кога ние сме го доживеале целосно, а сите решимот може да се поистоветат со алките на синџирот – едното решимо завршува, другото се појавува. Секое решимо, кое се открива во сегашноста, првично било создадено од својот претходник, а бидејќи сега ние се искачуваме по скалата, поминувајќи го обратниот пат, сегашното решимо го „буди" својот „создател".

Затоа не треба да се надеваме дека тековната состојба ќе заврши, и ќе можеме да одмориме. Кога тоа ќе стигне до крајот, ќе се активира следното по ред и така ќе продолжува сè додека не го завршиме своето поправање. Кога ние се стремиме да станеме алтруисти (духовни луѓе), се приближуваме до својата поправена состојба, бидејќи сè побргу ги отвораме решимот. Бидејќи тие решимот се белешки на возвишени духовни доживувања, тие кои се раѓаат од нив, се уште подуховни. Кога тоа се случува, ние почнуваме матно да ги чувствуваме врските, единството и љубовта, својствени за оваа состојба. Како далечна маглосита светлина. Колку повеќе се стремиме да ја достигнеме, толку таа станува поблиска, толку посилно е нејзиното зрачење.

Згора на тоа, колку е поинтензивна Светлината, толку е посилен нашиот стремеж кон неа. Така, Светлината гради кли – нашата желба за духовност. Значи, согледуваме дека поимот „Опкружувачка

Светлина" одлично го опишува нашето чувство од неа. Додека не ја добиеме, ние ја гледаме Светлината како надворешна, која нè привлекува со стекнување на заслепувачко блаженство. Секојпат кога Светлината гради доволно големо кли за да можеме да преминеме на следното ниво, се отвора следното решимо, и кај нас се појавува нова желба. Ние не знаеме зошто се менуваат нашите желби, бидејќи тие секогаш се дел од решимот од повисокото ниво во однос на нас, дури иако не ни се чинат такви.

Исто како што се отвора последното решимо, доведувајќи нè во сегашната состојба, сега новата желба доаѓа од новото решимо. Така продолжува нашиот подем по скалата. Спиралата на решимот и искачувањата завршува кај целта на Создавањето – коренот на нашите души, каде сме исти со Создателот и соединети со него.

Желба за духовност

Како што беше објаснето претходно, дното на четвртата фаза е материјата на душата Адам ха Ришон. Исто како што световите се создаваат соодветно на растечките желби, така еволуцијата на Адамовата душа (човештво) поминувала низ пет фази: од неживата до четвртата (духовна). Човештвото ја доживува секоја фаза целосно, додека таа не се исцрпи. Потоа се манифестираат желби од следното ниво, соодветно со редоследот на вметнатите решимот во нас. До денес ние веќе ги искусивме сите решимот на сите желби – од „неживите" до „човечките". За да се заврши еволуцијата на човештвото остана само едно – да се доживее целиот спектар на духовните желби. Токму тогаш ќе биде достигнато нашето единство со Создателот.

Всушност, интензивирањето на желбите од четвртото ниво почна уште во XVI век, како што тврдел кабалистот Исак Лурија (Ари). Но денес ние сме сведоци на најнапнатото манифестирање на петтото ниво – стремежот кон духовно исполнување. Згора на тоа, ние го забележуваме неговото интензивирање во циновски размери, кога милиони луѓе од целиот свет бараат духовни одговори на своите прашања.

 Единствената разлика меѓу луѓето е во изборот на начинот за насладување. Задоволството само по себе нема форма, неопипливо е. Кога е скриено под секакви „обвивки" и „облеки", се создава илузија дека постојат неколку видови задоволства, но всушност тоа се само многу видови „обвивки". Фактот дека насладувањето има духовна природа, го објаснува нашиот несвесен стремеж да ја замениме неговата надворешна обвивка со желба да се почувствува тоа задоволство во чист, првичен облик: како Светлина на Создателот.
Бидејќи не ни е познато дека разликата меѓу луѓето се состои во посакување на разни обвивки на насладувањето, ние ги цениме според обвивките кои тие ги преферираат. Некои од тие обвивки ги сметаме за правилни, како на пример, љубовта према децата, додека другите, како дрогата – се неприфатливи. Кога чувствуваме дека во нас се создава неприфатлива обвивка на насладувањето, тогаш токму поради тоа сме принудени да ја криеме својата желба. Меѓутоа, скриената желба никаде не оди, и сигурно не се поправа.

Бидејќи откриените решимот денес се поблиску до духовноста, отколку решимот од минатото, главните прашања кои се појавуваат кај современиот човек се однесуваат на неговото потекло, изворот на неговото постоење! Без оглед на тоа дека повеќето луѓе имаат покрив над главата и доволно заработуваат за да се обезбедат себеси и своето семејство, ги мачат прашањата: од каде се дојдени, според чија замисла се и со каква цел. Кога одговорите дадени од светските религии не ги задоволуваат, тие ги бараат во другите извори на знаење.

Основната одлика на четвртата фаза за разлика од сите други е во тоа што таа бара од нас свесен развој. Во претходните фази, преминот кон следна еволутивна фаза беше диктиран од Природата. Таа вршеше доста силен притисок врз нас за да се почувствуваме непријатно во вообичаената состојба, и да посакаме да ја измениме. Токму така Природата го остварува развојот на сите свои делови: човечкото, животинското, растителното и дури минералното царство. Врз основа на вродената мрзливост, ние преминуваме од една состојба во друга само тогаш кога притисокот станува неподнослив. Инаку не би мрднале со прст.

Логиката е едноставна: и така ми е добро, зошто да одам некаде? Меѓутоа, Природата има друга замисла. Таа не може да ни дозволи самозадоволно бесцелно да живееме во вообичаената состојба. Таа сака да продолжиме да се развиваме додека не го достигнеме нејзиното ниво – нивото на Создателот. Тоа е целта на Создавањето.

Значи, пред нас се отвораат две можности: можеме да избереме да се развиваме под болен притисок на Природата, или безболно, прифаќајќи лично учество во развојот на својата свест. Прекин во развојот не се предвидува, бидејќи кога Природата нè создавала, тоа не влегувало во нејзините планови. Ако нашето духовно ниво почнува да расте, тоа се случува исклучиво поради тоа што го посакуваме неговиот развој и сакаме да ја достигнеме состојбата на Создателот. Исто како што во четвртата фаза од нас се бара доброволно да ги измениме нашите желби.

Затоа, Природата и натаму ќе врши притисок врз нас. Ќе страдаме од урагани, земјотреси, епидемии, тероризам и секакви природни и технолошки катастрофи, додека не сфатиме дека сме должни да се измениме, дека треба свесно да се вратиме кон својот корен.

Да повториме: еволуцијата на нашиот духовен корен поминала од нултата до четвртата фаза. Четвртата фаза се дели на светови (горниот дел) и души (долниот дел). Душите кои ја прават заедничката душа Адам ха Ришон, се разбиле, губејќи го чувството на единство со Создателот. Тоа разбивање на Адам го доведе човечкиот род во денешната состојба, наречена „под бариерата", или едноставно – „нашиот свет". Совладувајќи ја бариерата, духовната сила ја создаде материјалната честичка која почна да се развива. Тоа беше Големата Експлозија.

Треба да се запомни: кога кабалистите говорат за духовните светови, и материјалниот, физичкиот – тие мислат на соодветните алтруистички и егоистички особини. Тие никогаш не подразбираат светови, кои го исполнуваат физичкиот простор во некоја неиспитана вселена.

Не можеме да седнеме во вселенски брод и да тргнеме кон светот, да речеме, *Јецира*, или да добиеме духовност, изменувајќи го својот карактер. Тоа може да се стори само станувајќи алтруист, сличен на Создателот. Кога ќе го оствариме тоа, ќе откриеме дека Создателот веќе се наоѓа во нас, дека Тој секогаш бил таму, чекајќи нѐ.

На сите нивоа освен последното, еволуцијата не предвидува осознавање на сопственото „јас". Што се однесува на личноста, самиот факт на нашето постоење не значи дека ние го осознаваме. Пред да го достигнеме четвртото ниво, ние само постоиме. Поинаку кажано, ние го живееме животот на најпријатен начин, но го перцепираме како нешто што само по себе се подразбира, не прашувајќи се дали тој има цел.

Но дали навистина тоа е очигледно? Бидејќи постојат минерали, растенијата можат да добиваат храна и да растат; бидејќи постојат растенијата, животните можат да добиваат храна и да растат; бидејќи постојат минерали, растенија и животни, луѓето можат да добиваат храна и да растат. Тогаш, во што е смислата на човечкото постоење? Нам ни служат сите нивоа, но на што или кому ние му служиме? На самите себе? На својот егоизам?

Кога првпат ќе се запрашаме за тоа, започнува нашиот свесен развој, се создава стремеж кон духовноста, кој се нарекува „точка во срцето". Во последната еволутивна фаза ние почнуваме да го сфаќаме процесот во кој самите земаме учество. Поедноставно кажано, почнуваме да ја постигнуваме логиката на Природата. Колку подобро ја разбираме, толку повеќе ја проширува ме нашата свест и се соединуваме со неа. На крај, кога таа логика целосно ќе биде постигната, ќе разбереме како функционира Природата, па дури и ќе научиме како да ја контролираме.

Тој процес се случува само на последното ниво – нивото на духовното искачување. Треба засекогаш да запомниме дека конечното ниво на човечкиот развој треба да се открива свесно и доброволно. Без искрено посакување на духовен раст, не е можна никаква духовна еволуција. И покрај тоа, духовниот развој „одозгора надолу" веќе се случи. Нѐ поминаа преку четирите фази на ширењето на Светлината, преку петте светови – *Адам Кадмон, Ацилут, Брија, Јецира и Асија* – после што нѐ сместија во овој свет. Ако сега сакаме да се искачиме назад, да се кренеме по духовната скала, треба свесно тоа да го избереме. Меѓутоа, ако заборавиме дека целта на Создавањето е во поистоветувањето со Создателот, ние не ќе можеме да сфатиме зошто Природата не ни помага, а понекогаш дури ни прави пречки на нашиот пат.

Од друга страна, ако се фокусираме на целта на Природата, ќе почувствуваме дека нашиот живот е возбудливо патување кое ветува откритија, потрага по духовни богатства. Колку поактивно е нашето учество во патувањето низ животот, толку побрзо и полесно ќе бидат извршени тие откритија. Што е уште подобро, сите маки ќе се доживуваат како прашања на кои е потребно да се најде одговор, а не како болни испитувања со кои се соочуваме во своето физичко постоење. Токму затоа свесниот развој е многу подобар од принудниот развој, извршен по добивањето на болни удари по грбот од страна на Природата. Ако постои желба за духовен развој, значи имаме соодветно кли за тоа. Нема поубаво чувство од наполнетото кли, остварената желба.

Но стремежот кон духовноста треба да дојде пред духовното исполнување. Подготвувањето на кли за Светлина не само што е единствено средство за искачување во четвртата фаза, туку е и единствено нешто што може да донесе несомнено задоволство. Всушност, ако се размисли, нема ништо поприродно од предвременото подготвување на кли. Ако сакам да се напијам – водата е моја светлина, мое задоволство. Нормално, за да ја испијам, морам прво да подготвам сад (кли), во овој случај тоа е жедта.

Истото може да се примени кон сѐ што сакаме да добиеме во овој свет. Ако мојата светлина е нов автомобил, тогаш мојата желба да го поседувам е моето кли. Тоа кли ме тера да работам за да го купам и ме чува од трошењето пари за други каприци.

Единствената разлика на духовното кли од материјалното е во неможноста да се каже со сигурност што може да се прими во духовното кли. Бидејќи, меѓу состојбата на човекот и неговата скриена цел, постои бариера, никогаш не знаеш која е целта додека не ја достигнеш. Кога целта е достигната, таа го надминува сето она што може да се замисли, но до тој момент не знаеш сигурно, колку е таа величествена.

Накратко

Редоследот на фазите на развојот на физичкиот свет е ист како на духовниот – тоа е пирамида на желбите. Во духовниот свет желбите (неживите, растителните, животинските, човечките и духовните) ги формираат световите *Адам Кадмон, Ацилут̄, Брија, Јецира и Асија*. Во материјалниот свет тие ги создаваат минералите, растенијата, животните и луѓето со *„т̄очка во срцет̄о"*. Создавањето на материјалниот свет се случило кога душата *Адам ха Ришон* била разбиена. Тогаш сите желби почнале да се манифестираат една по друга, од слабите кон силните, од неживите до духовните, создавајќи го нашиот свет – фаза по фаза.

Денес, на почетокот од XXI век, сите фази се веќе формирани со исклучок на стремежот кон духовниот свет, кој се манифестира сè поинтензивно. Поправајќи ја оваа нова желба ќе го достигнеме единството со Создателот, бидејќи тоа е желба за единство. Така, процесот на еволуцијата на светот и човештвото ќе ја достигне кулминацијата. Соодветно на зголемувањето на нашата желба да се вратиме кон духовните корени, ние градиме духовно *кли*. Опкружувачката Светлина го поправа и го усовршува тоа *кли*.

Со преминот на секое ново ниво на развојот, се буди ново решимо – белешка за посовршена состојба, во која ние веќе сме престојувале претходно. На крај, Опкружувачката Светлина го исправа севкупното *кли* целосно, и душата на *Адам* повторно се соединува со сите свои делови, и со Создателот. Меѓутоа, овој процес предизвикува желба да запрашаме: ако *решимот* се забележани во мене, и ако одредени состојби се будат и се одвиваат исто така во мене, тогаш каде се наоѓа објективната реалност? Ако *решимот* на друг човек се разликува од моите, дали тоа значи дека тој живее во друг свет во однос на мене? Што е тогаш со духовните светови? Каде се наоѓаат тие ако постојат во мене? Освен тоа, каде престојува Создателот? Читајте понатаму, во следниот дел ќе ги најдете одговорите на сите овие прашања.

Петти дел. Чија реалност претставува реалност ?

Сите светови – вишите и нижите – се наоѓаат внатре во човекот.
　　　　　　　　　　　Јехуда Ашлаг

Од сите неочекувани идеи кои можат да се најдат во кабалата, не постои понепредвидлива, поирационална, но и покрај тоа, толку длабока и возбудлива, од концепцијата на реалноста. Да не беа Ајнштајн и квантната физика, кои извршија преврат во претставите на луѓето за реалноста, идеите предложени овде би можеле да бидат отфрлени и исмеани.

Во претходниот дел говоревме дека еволуцијата е можна благодарејќи на развојот на нашата желба за примање на задоволства, од нулта ниво до четвртото. Но ако нашите желби биле движечка сила на еволуцијата на светот, тогаш дали тој свет постои надвор од нас? Нема ли да излезе дека светот што нè опкружува е приказна во која *сакаме* да поверуваме?

Ние разгледувавме дека Создавањето започнало од Замислата на Создавањето, која создала четири основни фази на ширењето на Директната Светлина. Тие фази содржат десет сефирот: Кетер (нултата фаза), Хохма (првата фаза), Бина (втората фаза), Хесед, Гвура, Тиферет, Нецах, Ход и Јесод (сите тие ја прават третата фаза – Зеир Анпин) и Малхут (четвртата фаза).

Книгата „Зохар" – научниот труд кој го изучува секој кабалист, тврди дека целокупната реалност се состои само од десет сефирот. Сè е создадено од структури претставени со овие десет сефирот. Единствената разлика меѓу нив е во тоа колку длабоко се потопени тие во нашата материја – желбата за примање.

За да се сфати што подразбираат кабалистите под зборовите „тие се потопени во нашата материја", замислете си некое тело, да речеме топка втисната во парче пластелин или глина погодна за моделирање. Топката ја претставува групата од десет сефирот, а глината – нас или нашите души. Дури и ако ја втиснеме топката во глината, со неа нема ништо да се случи. Но колку подлабоко таа ќе навлегува во глината, толку повеќе ќе се измени глината.

Со што може да се спореди заемната реакција на групата од десетте сефирот и душата? Ви се случило ли наеднаш да откриете нешто што ви бега од вниманието, во вообичаеното опкружување? Тоа е слично на чувството кое се појавува кога десетте сефирот се задлабочуваат во желбата за примање. Поедноставно кажано, ако наеднаш осознаеме нешто што не сме го чувствувале порано, тоа е затоа што десетте сефирот навлегле подлабоко во нас.

Желбата за примање кабалистите ја нарекуваат *авијуѿ*. Во буквален превод значи „дебелина", а не „желба". Тие го користат овој термин, бидејќи колку е поголема желбата за примање, толку повеќе слоеви ѝ се додаваат.

Како што рековме, желбата за примање, *авијуѿ*, се состои од пет основни степени: 0, 1, 2, 3, 4. Зависно од мерата на потопување на десетте сефирот во нивоата (слоевите) на *авијуѿ*, тие создаваат различни комбинации или мешавини на желбата за примање и желбата за давање. Нивните комбинации го формираат сето она што постои: духовните светови, материјалните светови, и сè што се наоѓа во нив.

Варијациите на нашите состојби (желбите за примање) формираат начини, алатки за восприманје, наречени „*келим*" (множина од „кли"). Со други зборови, секоја форма, секоја боја, мирис, секоја мисла – сè што постои – е тука, бидејќи во мене постои соодветно кли, кое може тоа да го восприми. Исто како што нашиот мозок ги користи буквите од азбуката за изучување на сето она што го нуди овој свет, нашите *келим* ги користат десетте сефирот за изучување на сето она што го нудат духовните светови. Како што при изучувањето на овој свет се придржуваме до одредени правила и ограничувања, така при изучувањето на духовните светови треба да ги знаеме правилата според кои тие се формирани.

Изучувајќи што било во материјалниот свет, ние треба да се придржуваме до одредени правила. Ако проверката покажува дека нешто функционира, тогаш тоа се смета за правилно, сè додека некој не докаже (во пракса, а не со зборови) дека се случила грешка. Без проверката според искуствата, сè останува само претпоставка, теорија.

Духовните светови имаат исто така свои граници – поточно кажано, три. Ако сакаме да ја достигнеме целта на Создавањето, и да станеме слични на Создателот, мораме да се придржуваме до овие ограничувања.

Три ограничувања при изучување на кабалата
Прво ограничување – што восприамаме

Во предговорот на книгата „Зохар" кабалистот Јехуда Ашлаг пишува за постоењето на „четири категории на восприманје – материја, форма на материјата, апстрактна форма и суштина". Кога ја изучуваме духовната Природа, нашата задача е да одредиме која од тие категории ни дава веродостојни и точни информации, а која не.

„Зохар" ги објаснува само првите две. Со други зборови, секој посебен збор во книгата е напишан или од гледиште на материјата, или формата во материјата, и нема ниту еден збор напишан од гледиште на апстрактната форма или суштината.

Второ ограничување – каде воспримаме

Како што споменавме, сржта на духовните светови е наречена „душата *Адам ха Ришон*". Така се создавале духовните светови. Меѓутоа, ние веќе го поминавме создавањето на овие светови, и се наоѓаме на патот на искачувањето на повисоки нивоа, иако некогаш ни се чини дека тоа не е баш така. Во нашата состојба душата на *Адам* веќе се распаднала на делови. „Зохар" кажува дека најголемиот дел на делчињата (поточно 99 проценти) се расфрлени низ световите *Брија, Јецира и Асија* (*БЈА*), и само еден процент се издигнал до светот *Ацилут*.

Бидејќи душата на *Адам* припаѓа на системот на световите *БЈА,* и е расфрлена низ овие светови, и бидејќи сите ние сме честички од таа душа, јасно е дека можеме да воспримаме само делови од тие светови. Сето она што го сметаме за дојдено од световите повисоки од *БЈА*, како *Ацилут* и *Адам Кадмон*, не е веродостојно без разлика што мислиме. Ние можеме да воспримаме само нивни одблесоци, дојдени од световите *Ацилут* и *Адам Кадмон* преку филтрите на световите *БЈА*.

Нашиот свет се наоѓа на најниското ниво од световите *БЈА*. Тоа ниво, всушност, е сосема спротивно од сите други духовни светови, и затоа ние не ги чувствуваме. Слично на двајца луѓе кои завртени грб со грб се движат во спротивни насоки. Има ли шанса тие некогаш да се сретнат?

Но штом се поправиме, откриваме дека веќе живееме во световите *БЈА*. На крајот ние сигурно ќе се издигнеме заедно со нив во световите *Ацилут̄* и *Адам Кадмон*.

Трето ограничување – кој восприма

И покрај тоа што „Зохар" детално ни ја опишува структурата на секој свет и она што се случува во нив како да е некое место во физичкиот свет, всушност станува збор исклучиво за доживувања на душата. Со други зборови, кабалистите во книгата ни пренесуваат како *ја восп̄римаат̄* оваа или онаа појава, така што ќе можеме и ние истото да го *искусиме*, доживееме. Затоа, читајќи во книгата „Зохар" за случувањата во световите *БЈА*, всушност ние дознаваме како Раби Шимон Бар Јохај (авторот на книгата „Зохар") ги *искусил* духовните состојби, и како тоа го опишал неговиот ученик Раби Аба.

Меѓутоа, кога кабалистите пишуваат за световите кои се наоѓаат над *БЈА*, тие не пишуваат за самите светови, туку за тоа како познатите кабалистички *ауш̄ори* ги *доживеале* тие светови, престојувајќи во световите *БЈА*. Бидејќи кабалистите ги пренесуваат своите *лични доживувања*, опишувањата во кабалистичките списи имаат сличности и разлики. Нешто од опишаното се однесува на целокупната структура на световите, на пример имињата на сефирот и световите. Сѐ друго се однесува на *личнот̄о искуст̄во*, стекнато во тие светови.

На пример, ако почнам да му раскажувам на пријателот за патувањето во Њујорк, можам да раскажам за Тајмс Сквер, или за огромните мостови кои го соединуваат Менхетн со континентот. Или можам да раскажам каков шок доживеав возејќи по величествениот Бруклински мост, и што чувствував стоејќи насред Тајмс Сквер, исполнет со блескави светла, бои, звуци, обземен од чувство на беспомошност. Разликата меѓу првите два примери и последните е во тоа што во последните го пренесувам *личното искуство*, а во првите зборувам за впечатоците кои ќе ги добие секој што го посетил Менхетн, иако ќе го доживее на *свој својствен начин*.

Споменувајќи го првото ограничување, рековме дека „Зохар" дава информација од гледиште на материјата и формата во материјата. Материјата е желбата за примање, а формата во материјата – е намерата; со која желбата за примање и прима, се остварува – заради мене или заради другите. Поедноставно кажано: материја = желба за примање, форма = намера.

> *Задолжително треба да се запомни дека „Зохар" не смее да се разгледува како приказна за мистични појави или збирка на прикази. „Зохар", како и сите кабалистички книги, треба да се употребува само за учење. Тоа значи дека книгата ќе помогне само ако вие посакате да го доживеете опишаното во неа. Инаку таа нема ништо да ви даде, и вие нема да ја разберете. Запомнете: правилното разбирање на кабалистичките текстови зависи од вашата намера за време на читањето, од причината зошто ги отворивте, а не од моќта на вашиот интелект. Содржината ќе влијае врз вас само ако вие сакате да ги преобразите своите особини во алтруистички, како опишаните во текстот.*

Обликот на давањето се прикажува со структурата на градбата на светот *Ацилут*. Давањето во апстрактна форма е особина на Создателот, и со ништо не се однесува на суштествата кои се приматели, егоистични по природа. Меѓутоа, суштествата (луѓето) *можат* да ја „завиткаат" својата желба за примање во облик на давање, за да *наликува* на давање. Со други зборови, можеме да примаме, но со „завиткувањето" да станеме даватели.

Постојат две причини, поради кои ние не можеме само да даваме:
1) За да даваме, треба да постои некој кој сака да прима. Меѓутоа, освен нас, постои само Создателот, кој нема потреба од примање на што било, бидејќи Неговата природа е давањето. Така, давањето за нас не е можно.
2) Ние немаме ниту најмала желба за давање. Ние не можеме да даваме, бидејќи сме создадени од желбата за примање; примањето е нашата суштина, нашата материја.

Значи, последниот аргумент е многу покомплициран отколку што се чини на прв поглед. Кога кабалистите пишуваат дека ние сакаме само да примаме, тие воопшто не мислат дека ние можеме само да примаме, туку зборуваат дека таква е скриената намера, мотивацијата која стои зад сите наши дејства. Сè е многу јасно формулирано: ако не ни донесе задоволство, ние не можеме тоа да го направиме. Не е работата само во тоа дека ние нема да сакаме тоа да го направиме, туку дека буквално нема да можеме. Создателот (Природата) нè создал давајќи ни само една желба – за примање, бидејќи сè што Тој сака е да дава. Значи, немаме потреба да ги менуваме своите дејства, треба да ја промениме само мотивацијата за нивно извршување.

Воспримање на реалноста

Постојат повеќе термини за опишување на сфаќањето. Најдлабокото негово ниво кабалистите го нарекуваат „достигнување". Бидејќи тие ги изучуваат духовните светови, нивна цел е – стекнување на „духовното достигнување". Достигнувањето подразбира толку длабоко и сеопфатно сфаќање на тоа што го восприамаме, што не остануваат никакви прашања. Кабалистите пишуваат дека на крајот од еволуцијата на човештвото, сите ќе го достигнеме Создателот, во состојба наречена „еднаквост на формите".

Стремејќи се кон постигнувањето на целта, кабалистите најнимателно се труделе да одредат кои аспекти на реалноста треба да се изучуваат, а кои не. За да се направи тоа, тие се придржувале до едноставен принцип: ако нешто помага да се добијат знаења брзо и сигурно, тогаш тоа треба да се изучува, ако не – тоа треба да се отфрли.

Кабалистите во целина, а посебно „Зохар", нè убедуваат да го изучуваме само тоа што може да се восприма со апсолутна сигурност. Не треба да го губиме времето на претпоставки и погодувања, затоа што тогаш нашето постигнување ќе биде неверодостојно. Исто така, кабалистите зборуваат дека од четирите категории на воспримање – материјата, формата на материјата, апстрактната форма и суштината – ние можеме со сигурност да ги восприимме само првите две. Поради тоа, сè за што раскажува „Зохар" – тоа се желбите (материја) и како ние ги користиме: за себе или заради Создателот.

Кабалистот Јехуда Ашлаг пишува дека „ако читателот не знае разумно да се однесува кон ограничувањата, и сето тоа го восприма надвор од контекст, тоа ќе го доведе во забуна". Тоа може да се случи, ако не го ограничиме своето изучување на материјата и формата во материјата.

Треба да разбереме дека во духовноста нема „забрани". Кога кабалистите нешто нарекуваат „забрането", се мисли дека тоа е невозможно. Кога велат дека не треба да се изучува апстрактната форма и суштината, тоа не значи дека ќе ги погоди гром сите кои тоа ќе го сторат, туку значи дека ние не можеме да ги изучуваме овие категории, иако тоа го посакуваме.

Јехуда Ашлаг ја објаснува несфатливоста на суштината во примерот со електрицитетот. Тој вели дека него можеме да го искористиме на многу начини: за лекување, ладење, слушање музика, гледање филмови. Електрицитетот може да биде во многу форми, но дали ние можеме да ја изразиме неговата суштина?

Да употребиме друг пример за појаснување на концептот на четирите категории – материјата, формата во материјата, апстрактната форма и суштината. Нарекувајќи го некој човек силен, ние всушност мислиме на неговата материја – телото – и формата која го обвиткува неговото тело – силата. Ако ја одделиме формата на силата од материјата (телото на човекот) и ја изучуваме посебно, токму тоа ќе биде изучување на апстрактната форма на силата. Четвртата категорија – самата суштина на човекот – е апсолутно несфатлива. Ние едноставно немаме такви сетилни органи со кои би можеле да ја изучиме суштината и да ја прикажеме во форма достапна за восприемање. Следува дека суштината не е само нешто неспознаено токму сега, туку дека ние *никогаш* нема да ја спознаеме.

Стапица на заблудата

Зошто е толку важно да се фокусираме само на првите две категории? Проблемот е во тоа што кога се работи за духовност, никогаш не се знае кога може да се падне во заблуда. Движејќи се во погрешно одбраната насока, може да се избега далеку од вистината. Во материјалниот свет, ако знам што посакувам, можам да проверам дали ќе го добијам посакуваното, или барем да одредам дали се движам во правилна насока.

Во духовноста е сосема поинаку. Тука ако се згреши, може да се изгуби не само посакуваното, туку и достигнатото духовно ниво: Светлината згаснува, и човекот не може точно да ја одреди новата насока без помош на ментор. Затоа е многу важно да се разберат трите ограничувања, и да се следат нивните упатства.

Реалност којашто не постои

Сега кога разбравме што може да се изучува, а што не може, да видиме што ние всушност изучуваме со помош на нашите чувства.

За кабалистите може да се каже дека тие изучуваат сè до најситни детали. Јехуда Ашлаг, кој темелно ја изучил реалноста, и затоа можел да ни раскаже за неа, пишувал: „Ние не знаеме што постои надвор од нас. На пример, ние немаме претстава што се наоѓа зад границите на нашето уво, што ја тера мембраната на тапанчето да реагира. Нам ни е позната само сопствената реакција на надворешната дразба".

Дури и имињата кои им ги даваме на тие појави не се поврзани со самите појави, туку со нашите реакции на нив. Најверојатно, не ни е познато многу од тоа што се случува во светот. Сето тоа може да помине незабележано за нашите чувства, бидејќи ние реагираме само на тие појави кои ги восприкаме. Затоа, очигледно е дека не можеме да ја восприкаме суштината на тоа што е надвор од нас, туку можеме само да ги изучуваме сопствените реакции. Тоа правило на восприкањето не е употребливо само за духовните светови – тоа е општиот закон на природата.

Таков однос кон реалноста ни овозможува да сфатиме: ние не го гледаме тоа што постои во реалноста. Таквото разбирање има огромно значење за достигнување на духовниот развој. Истражувајќи ја својата реалност, почнуваме да го откриваме тоа за што порано не бевме свесни. Ние го толкуваме тоа што се случува во нас, како да се случува надвор од нас. Не ни е познат вистинскиот извор на случувањата кои ги доживуваме, но ние *чувствуваме* дека тие се случуваат во надворешниот свет. Но тоа нема никогаш со сигурност да го дознаеме.

За да воспоставиме правилни односи со реалноста, не треба да мислиме дека сè што перципираме ја одразува „реалната" слика. Ние восприкаме само како случувањата (формите) влијаат врз нашето восприкање (нашата материја). Згора на тоа, она што го перципираме *не постои* надвор од објективната слика на случувањата, туку е *наша реакција* на нив. Не можеме дури ни да кажеме дали се поврзани (и ако се, до кој степен) формите што ги чувствуваме и апстрактните форми со кои ние ги поврзуваме. Со други зборови, фактот дека го гледаме црвеното јаболко како црвено, воопшто не значи дека тоа навистина е црвено.

 Всушност, ако ги прашате за тоа физичарите, тие ќе ви кажат дека единственото тврдење кое можете да го направите во однос на црвеното јаболко – е дека тоа не е црвено. Сетете се како функционира масах (екранот): го прима само тоа што може, со намера да го даде на Создателот, а

другото го отфрла. Слично на тоа, бојата на предметот се одредува со светлосните бранови, кои осветлениот предмет не може да ги апсорбира. Ние не ја гледаме бојата на самиот предмет, туку Одразената Светлина од него. Вистинската боја на предметот е Светлината што ја апсорбирал во себе, но бидејќи таа Светлина е апсорбирана, не може да дојде до нашето око, и затоа ние не можеме да ја видиме. Токму затоа црвеното јаболко може да биде која било боја, освен црвената.

Еве како Јехуда Ашлаг во „Предговор кон книгата Зохар" го опишува нашиот недостаток од восприемање на суштината: „Познато е дека не можеме да си го претставиме она што не можеме да го почувствуваме, но не можеме да си го претставиме и тоа што не можеме да го замислиме... Значи, мислењето апсолутно не ја прифаќа суштината."

Значи, бидејќи не можеме да ја сфатиме суштината, не можеме ниту да ја перципираме. Затоа, сретнувајќи се за првпат со „Предговорот" на Јехуда Ашлаг, повеќето од учениците на кабала се збунуваат колку малку, всушност, ние знаеме за себе. Еве што пишува Јехуда Ашлаг за тоа: „Згора на сѐ друго, ние не ја знаеме ниту својата суштина. Јас чувствувам и знам дека заземам одреден простор во светот, дека моето тело е збиено, топло, дека мислам, знам и други слични манифестации на функционирањето на моето битие. Но ако ме прашате каква е мојата суштина... јас нема да знам што да ви одговорам".

Механизам за мерење

Да го разгледаме проблемот на нашето перципирање од друг агол, повеќе технички. Нашите чувства се механизми за мерење. Тие мерат сѐ што воспримаат.

Слушајќи звук, ние одредуваме дали е гласен или тивок, гледајќи предмет (обично) можеме да кажеме каква е неговата боја, допирајќи го предметот моментално сфаќаме дали е топол или ладен, влажен или сув.

Сите механизми за мерење функционираат исто. Замислете вага со товар од еден килограм. Обичната вага има пружина, која се растегнува во зависност од тежината на товарот, и скала, која го мери *напонот*. Кога престанува растегнувањето на пружината и застанува на една точка, бројките од скалата ја покажуваат тежината на предметот. Всушност, ние не ја мериме тежината на товарот, туку билансот на пружината и товарот (цртеж 6).

Затоа кабалистот Јехуда Ашлаг тврди дека не можеме да ја восприламе апстрактната форма, бидејќи со неа не сме никако поврзани. Кога би можеле да го закачиме предметот на пружината за да го измериме надворешното влијание, ќе добиеме некаков резултат. Ако не можеме да го измериме случувањето во надворешниот свет, тогаш како ништо и да не се случува. Згора на тоа, ако мерејќи го надворешното влијание поставиме дефектна пружина, ќе добиеме неточен резултат. Токму тоа се случува кога старееме, и нашите сетила отапуваат.

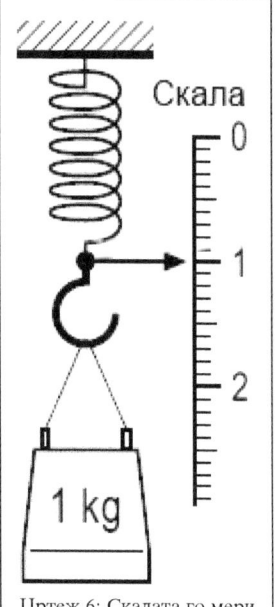

Цртеж 6: Скалата го мери напонот на пружината, а не тежината.

Зборувајќи со духовен јазик, надворешниот свет ни дава апстрактни форми, како што е тежината. Користејќи ја пружината и скалата – желбата за примање и намерата за давање, ние мериме во колкаво количество ќе можеме да ја примиме дадената апстрактна форма. Кога би можеле да создадеме механизам за „мерење" на Создателот, би можеле да Го почувствуваме исто како што го чувствуваме овој свет. Па, таков уред постои, и се нарекува „шесто сетило".

Шесто сетило

Ајде малку да фантазираме започнувајќи го новиот дел: ние се наоѓаме во темен простор, во апсолутен вакуум. Ништо не се гледа, не се слуша никаков звук, нема мирис, нема вкус, нема што да допреме. Сега замислете си дека сте биле толку долго во таква состојба, што сте заборавиле дека поседувате такви сетила со кои би ги искусиле тие работи. Сте заборавиле дека тие воопшто постојат.

Наеднаш се појавува нежен мирис. Се засилува, опкружувајќи ве, но вие не можете да одредите од каде доаѓа. Потоа се појавуваат други ароми – силни, слаби, слатки, остри. Ориентирајќи се според нив, следејќи го местото од каде доаѓаат, вие веќе можете да ја одредите својата насока во светот.

Потоа, одненадеж, отсекаде до вас стигнуваат звуци. Тие се различни: некои личат на музика, другите – на говор, третите – на бучава. Звуците ви даваат дополнителни точки за ориентација во овој простор. Така добивате можност да ги мерите растојанијата, насоките, можете да ги погодувате изворите на мирисите и звуците, кои ги восприемате. Просторот во кој се наоѓате не е веќе само простор, туку е цел свет на мириси и звуци.

По некое време откривате нешто ново: нешто ве допира. Наскоро откривате сѐ повеќе предмети, кои можете да ги допрете. Некои од нив се студени, други топли, некои суви, други влажни. Некои тврди, некои меки, а во однос на некои од нив, воопшто не можете да утврдите што претставуваат тие. Откривате дека некои од предметите кои ги допирате можат да се стават во уста и тогаш забележувате дека се различни по вкус.

Сега вие веќе живеете во свет богат со звуци, мириси, допири и вкусови. Можете да ги допирате предметите во својот свет, можете да го изучувате своето опкружување. Таков е светот на слепиот од раѓање. Кога би биле на негово место, дали би осетиле потреба за вид? Дали би знаеле дека го немате? Никогаш. Тоа е можно само ако сте гледале, па потоа сте ослепеле.

Истото важи и за шестото сетило. Ние не се сеќаваме дека некогаш сме го поседувале, иако тоа го имал секој до разбивањето на *Адам ха Ришон*, чии делови сме ние.

Шестото сетило во многу нешта функционира слично на другите пет физички сетилни органи, со една разлика – тоа не се појавува само од себе, туку треба да се развива. Всушност, самиот назив „шесто сетило" по малку нѐ збунува, бидејќи во суштина ние не развиваме уште едно сетило, туку развиваме *намера*.

Развивајќи ја таквата *намера*, ние ги изучуваме формите на Создателот, формите на давање, спротивни на нашата егоистична конструкција. Затоа шестото сетило не ни е дадено од Природата, тоа е спротивно на нас.

Градејќи *намера* за секоја желба, ние чувствуваме свесност која нѐ тера да сфатиме кои сме ние, кој е Создателот, сакаме или не сакаме да бидеме слични на Него. Вистинскиот избор може да се направи само ако ни се дадени две можности. Затоа Создателот не нè тера да станеме слични на Него – алтруисти, туку ни покажува кои сме ние и кој е Тој, па така ни дава можност доброволно да избереме. Правејќи избор, ние стануваме тоа што имаме *намера* да станеме: слични на Создателот, или не.

Зошто тогаш ја нарекуваме *намерата за давање* „шесто сетило"? Затоа што имајќи ја истата намера како и Создателот, ние стануваме слични на Него. Тоа значи дека ние не само што имаме *иста намера*, туку со развивање на формата, иста со Неговата форма, го гледаме и го восприемаме она што не би можеле ако сме направеле друг избор. Навистина почнуваме да гледаме со Негови очи.

Каде постои пат – постоела и желба

Во првиот дел зборувавме дека концепцијата на *кли* (садот, средството) и *Ор* (Светлината), несомнено е најважно гледиште на кабалистичката наука. Всушност, од *кли* и *Ор*, првото за нас е поважно, иако стекнувањето на второто е вистинската цел.

Да го појасниме кажаното со пример. Во филмот „Што знаеме ние по ѓаволите?", д-р Кендис Перт објаснува дека ако одредена форма првично не постои во мене, јас не ќе можам да ја видам надвор од мене. Како пример ја наведува историјата за Индијанците кои стоеле на брегот и го гледале приближувањето на бродовите на Колумбо. Таа истакнува дека согласно со народното верување, Индијанците не можеле да ги видат бродовите, иако директно гледале во нив.

Д-р Перт објаснува дека тие не можеле да ги видат бродовите, затоа што во нивната свест не постоел сличен шаблон (модел). Само шаманот, кого го зачудило бранувањето на водата појавено навидум од никаде, ги открил бродовите после обидите да си претстави од што било предизвикано бранувањето. Откривајќи ги бродовите, тој им ги опишал на соплемениците, па тогаш и тие можеле да ги видат.

> *Ако во шумата пага дрво, а нема никој кој би го слушнал тоа, дали тоа произведува звук? Овој познат будистички зен коан (посебен вид загатка) може да се парафразира во кабалистички термини: ако нема кли кое го распознава звукот на дрвото што пага, од каде да знаеме дека тоа при паѓањето воопшто произвело некој звук? Слично на тоа би можеле да кажеме за откривањето на Колумбо со зборовите на зен коан, и да прашаме: „Постоела ли Америка пред Колумбо да ја открие?"*

Говорејќи со јазикот на кабалата, за распознавање на надворешен објект потребно е внатрешно *кли*. Всушност, *келим* (множина од „кли") не само што ја распознаваат надворешната реалност – тие ја создаваат!

Така, флотата на Колумбо постоела само во свеста – во внатрешните *келим* – на Индијанците, кои ја виделе и ја опишале. Не постои ништо што може да се нарече надворешен свет. Постојат желби – *келим*, кои го создаваат надворешниот свет соодветно на своите лични форми. Надвор од нас постои само апстрактната форма – нематеријален, несфатлив Создател.

Ние го формираме нашиот свет, градејќи лични механизми за воспримање – нашите *келим*. Затоа нема да ни помогнат молитвите Создателот да нè спаси од несреќите, или да го измени светот околу нас кон подобро. Светот е ниту добар, ниту лош – тој е одраз на состојбата на нашите лични *келим*. Кога ние ќе ги поправиме и ќе ги направиме прекрасни, светот исто ќе стане прекрасен.

Слично на тоа, за утот ноќта во темната шума е време на најдобра видливост. За нас, пак, тоа е време на застрашувачко слепило. Нашата реалност е само проекција на нашите внатрешни *келим*. Тоа што ние го нарекуваме „реален свет" – е само одраз на нашето внатрешно поправање или расипаност. Ние живееме во имагинарен свет. Ако сакаме да се издигнеме над овој имагинарен свет до реалниот свет, до вистинското восприемање, тогаш мораме да се поправиме соодветно на оригиналните шаблони. Сè што сме перципирале на крајот од денот ќе одговара на нашата внатрешна структура, начинот на изградбата на тие модели внатре во нас.

Надвор од нас нема ништо што би можело да се открие, ништо што би можело да се пронајде, освен апстрактната Виша Светлина која влијае врз нас, и ги манифестира новите ликови внатре во нас, зависно од нашата подготвеност. Сега, сè што ни останува е да се појасни каде да се најдат исправените *келим*. Дали тие постојат внатре во нас, или треба да ги изградиме? Ако треба да ги изградиме, како тоа да го направиме? Тоа ќе биде тема на следните делови.

Замисла на Создавањето

Келим се градежни блокови на душата. Желбите – градежни материјали, цигли и дрво. Намерите – наши инструменти, одвртки, дупчалки и чекани.

Но, исто како при градба на зграда, пред да се почне со работата, треба да се запознаеме со нацртот. За жал, Создателот, Архитектот, не е расположен да ни ги даде. Наместо тоа, тој предлага самостојно да го изучиме и оствариме генералниот план на градбата на нашите души. Само така ќе можеме некогаш вистински да ја разбереме Неговата Замисла, и да станеме слични на

Него. За да сознаеме кој е Тој, треба внимателно да проследиме што Тој прави, и да учиме да ги распознаваме Неговите мисли според Неговите дела.

Кабалистите тоа го формулираат многу експресивно: „Според делата Твои, Те познаваме Тебе". Нашите желби – материјалот на душата – веќе постојат. Тие ни се дадени од Создателот, и ние треба само правилно да ги користиме и да ги исполниме (обложиме) со правилни намери. Тогаш нашите души ќе бидат поправени.

Но, како што кажавме погоре, правилните намери се алтруистичките намери. Со други зборови, треба да сакаме нашите желби да се искористат за добро на другите, а не за нас самите. Со тоа ние, всушност, си правиме добро за себе, бидејќи сите сме делови на душата Адам ха Ришон. И сакале или не, штетата која им ја нанесуваме на другите ќе ни се врати како бумеранг, кој се враќа со иста сила кон оној што го фрлил.

Накратко да го повториме кажаното погоре. Исправеното *кли* е желба, искористена со алтруистичка намера. И обратно, неисправено *кли* е желба искористена со егоистична намера. Користејќи се со *кли* алтруистички, ја употребуваме желбата така како што тоа го прави Создателот, и на тој начин стануваме слични на Него, барем што се однесува на дадената конкретна желба. Така ние ја изучуваме Неговата Замисла.

Значи, единствен проблем е промената на намерата со која ние ги искористуваме нашите желби. Но за да го направиме тоа, треба да согледаме барем уште еден начин за нивно користење. Потребен ни е пример за тоа на што личат другите намери, или какво чувство тие предизвикуваат. Тогаш барем ќе имаме можност да одлучиме дали тие нè задоволуваат или не. Ако не гледаме поинаков начин за употреба на своите желби, паѓаме во стапицата на тие кои веќе ги имаме. Но можат ли да се најдат поинакви намери во таква состојба? Дали е тоа стапица, или ние нешто испуштивме?

Кабалистите појаснуваат дека ние ништо не сме испуштиле. Тоа е стапица, но не смртоносна. Ако ги следиме патиштата на своите *решимот*, тогаш примерот на поинаква намера ќе се манифестира сам од себе. Сега да разгледаме што се тоа *решимот*, и како тие нè извлекуваат од стапицата.

Решимот – враќање во иднината

Решимот се сеќавања, белешки (снимки) на минатите состојби. Секое *решимо* (еднина од „*решимот*") кое го доживува душата на својот духовен пат, се чува во посебна „банка на податоци".

Кога го започнуваме подемот по духовната скала, нашиот пат се состои токму од тие *решимот*. Тие се отвораат еднопо друго, и ние повторно ги доживуваме. Колку побргу одново ќе го доживееме секое решимо, толку побргу ќе го исцрпиме и ќе преминеме кон следното по ред, кое секогаш се наоѓа на повисокото скалило.

Редоследот на *решимот* не може да се смени. Тој е веќе предодреден во време на нашето слегување. Но ние можеме и треба да донесеме одлука што ќе правиме со секое од нив. Ако се однесуваме пасивно и само чекаме кога тие ќе завршат, ќе помине многу време пред да ги исцрпиме до крај. Освен тоа, тој процес може да биде многу болен. Затоа пасивниот приод се нарекува „пат на страдањето".

Од друга страна, можеме да преземеме активен приод, обидувајќи се да се однесуваме кон секое *решимо*, како кон „уште еден ден поминат во училиште", трудејќи се да разбереме на што сака да нè научи Создателот. Ако се присетиме дека нашиот свет е резултат на духовните појави, тоа ќе биде доволно за неверојатното забрзување на промената на *решимоѿ*. Таквиот активен приод се нарекува „пат на Светлината", бидејќи вложените напори ни обезбедуваат контакт со Создателот, со Светлината, а не со нашата сегашна состојба, како во случајот со пасивниот однос.

Всушност нашите напори не мора да бидат успешни – самиот напор е доволен. Засилувајќи ги своите желби да станеме слични на Создателот (алтруисти), ние се приклучуваме на повисоките духовни состојби.

Процесот на духовното напредување е многу сличен на обучувањето на децата: во својата суштина тоа е имитирање. Копирајќи ги возрасните, децата не знаејќи дури ни што прават, со своето постојано имитирање создаваат во себе *желба* да учат. Забелешка: Нивниот раст не е зависен од нивното знаење, туку едноставно од фактот дека тие *сакааѿ да знааѿ*. *Желбаѿа* за знаење е доволна за го разбуди во нив следното *решимо*, она во кое тие веќе го поседуваат тоа знаење.

Да го разгледаме тоа од друг агол: првично, желбата да знае, не се појавила кај детето затоа што таков бил неговиот избор, туку затоа што веќе отвореното *решимо* се исцрпило, терајќи го следното по ред да „посака" да биде спознаено. Така, *решимо* мора во детето да ја разбуди желбата да го дознае, да го открие во него скриеното.

Токму така духовното решимо влијае врз нас. Всушност, ние не дознаваме ништо ново во овој или во духовните светови, само се издигнуваме назад во иднината. Сакајќи повеќе да даваме, слично на Создателот, ние треба постојано да се преиспитуваме и гледаме дали одговараме на описот на тоа што го сметаме за духовно (алтруистично). Во овој случај, желбата да се стане поголем алтруист ќе ни помогне да развиеме поправилно детално поимање на самите себе, во споредба со Создателот.

Ако не сакаме да останеме егоисти, нашите желби ќе ги разбудат тие *решимот*, кои ќе ни покажат, што значи да се биде поалтруистичен. Секојпат, кога донесуваме одлука дека не сакаме да ја искористиме оваа или онаа желба егоистички, се смета дека *решимо* на дадената состојба ја извршило својата задача и може да си оди, ослободувајќи му место на следното. Само такво исправање се бара од нас. Јехуда Ашлаг го опишал овој принцип со следните зборови: „Со сецелосна омраза кон злото (егоизмот) се исправа вистината."

Понатаму објаснува: „…Ако двајца луѓе сфатат дека секој од нив го мрази истото што и неговиот пријател го мрази, и го сака истото што и неговиот пријател го сака, меѓу нив ќе се воспостави нераскинлива вечна врска. Значи, бидејќи Создателот сака да дава, тие кои се пониско од Него исто така треба да се навикнат на желбата само да даваат. Истовремено, Создателот мрази да биде примател, бидејќи е целосен, и нема потреба од ништо. Значи, човекот исто така треба да го замрази примањето заради себе. Од сето кажано погоре следува дека луѓето треба да чувствуваат жешка омраза кон *желбата за примање*, бидејќи токму од неа произлегуваат сите зла во светот. Со таквата омраза човекот може да ја поправи."

Така, само со својот стремеж ние го будиме *решимо* на поалтруистичките желби, кое веќе постои во нас од времето кога бевме соединети во душата *Адам ха*

Ришон. Овие *решимот* нè поправаат и нè поистоветуваат со Создателот. Значи, желбата (кли) е истовремено и движечка сила на промените, како што говоревме во првиот дел, но и средство за поправање. Не треба да ги потиснуваме своите желби, туку едноставно да научиме ефективно да работиме со нив за свое добро и доброто на другите.

Накратко

За правилно воспримање потребно е да се имаат предвид три ограничувања:

1. Постојат четири категории на воспримање: а) материја, б) форма во материјата, в) апстрактна форма и г) суштина. Ние ги воспримаме само првите две.
2. Целото мое воспримање се одвива во мојата душа. Мојата душа – тоа е мојот свет, а надворешниот свет во однос на мене е толку апстрактен, што јас дури не можам со сигурност да кажам дали тој постои или не.
3. Тоа што го воспримам ми припаѓа само мене: јас не можам да го пренесам тоа некому. Јас можам да им соопштам на другите за своите доживувања, но кога тие ќе го испитаат истото, нивните доживувања ќе се разликуваат од моите.

Кога јас нешто достигнувам, го проценувам тоа и дефинирам што претставува тоа, а резултатот зависи од квалитетот на моите внатрешни механизми за мерење. Ако тие имаат дефекти, такви ќе бидат и мерењата, значи и сликата за светот ќе биде искривена и недовршена.

Засега ние го проценуваме светот со помош на пет сетилни органи, но за правилна проценка ни се потребни шест. Токму затоа ние не можеме да го управуваме нашиот свет продуктивно и со општо задоволство на сите. Всушност, шестото сетило не е физичко чувство, туку е *намера*. Тоа е поврзано со начинот како ги користиме своите желби. Користејќи ги со намера за давање, наместо примање, т.е. користејќи ги алтруистички, а не егоистички, ние постигнуваме цел нов свет. Токму затоа новата намера се нарекува „шесто сетило".

Исполнувајќи ги своите желби со алтруистична намера, ние ги правиме слични на желбите на Создателот. Таа сличност се нарекува „сличност на формите" на суштеството и Создателот. Нејзиното стекнување му дава на тој што ја поседува воспримање и знаења исти како на Создателот. Токму затоа само шестото сетило (намерата за давање) навистина дава можност да се дознае како да се однесуваме во овој свет.

Кога се манифестира нова желба, всушност таа не е нова. Таа желба веќе постоела во нас, сеќавањето за неа е запишано во банката на податоци на нашите души – *решимот*. Синџирот на *решимот* го води човека право до врвот на скалата – Замислата на Создавањето. И колку побрзо се искачуваме ние по неа, толку побрзо и побезболно ќе го достигнеме тоа што ни е наменето.

Решимот се појавуваат едноподруго во темпо, со брзина која ние ја диктираме со *својата желба за напредување* кон духовноста, од каде што тие потекнуваат. Кога ние се обидуваме да учиме од секое решимо, да го сфатиме, тоа побрзо се исцрпува и се создава состојба кога го разбираме (која веќе постои). Кога ние го разбираме *решимо*, се отвора следното по ред, и така продолжува сè додека не бидат идентификувани и изучени сите *решимот*, и додека не го достигнеме крајот на поправката.

Шести дел. Тесен е патот кој води до слободата

Можеби ќе се зачудите, но вие веќе многу научивте за кабалата. Да го повториме тоа што сме го поминале. Дознавте дека кабалата потекнува од пред околу 5000 години од Месопотамија (денешна територија на Ирак). Се открила кога луѓето започнале да ја бараат смислата на животот. Тие луѓе откриле дека сите ние сме родени за го добиеме највозвишеното задоволство – да се стане сличен на Создателот. Сфаќајќи го тоа тие почнале да создаваат групи за изучување на кабалата и ја шириле по светот.

Тие први кабалисти ни раскажале дека сите сме создадени од *желбата* да се прима задоволство која има пет нивоа – неживо, растително, животинско, човечко и духовно. Желбата за примање е многу важна, затоа што служи како мотив за секое дејство што се одвива во светот. Со други зборови, ние секогаш се обидуваме да примаме насладување, и колку повеќе имаме, толку повеќе посакуваме. Како резултат на тоа, постојано се развиваме и се менуваме.

Понатаму, дознавме дека формирањето на Создавањето се одвивало во четири фази: Коренот (синоним на Светлината и Создателот) ја создал желбата за примање. Таа желба сакала да дава, потоа одлучила да го искористи примањето како начин за давање, и на крај повторно посакала да прима. Но, овојпат за да стекне знаење со кое ќе стане како Создателот – Давател.

Поминувајќи ги овие четири фази, желбата за примање се поделила на пет светови и една душа, наречена Адам ха Ришон. Потоа се случило разбивање на Адам ха Ришон, притоа материјализирајќи се во нашиот свет. Со други зборови, сите ние всушност сочинуваме една душа, поврзани сме и заемно зависни, како клетките во телото. Но со растот на желбата за примање, сѐ повеќе запаѓавме во себичност и го губевме чувството на нашето единство. Наместо тоа, денес се чувствуваме само самите себеси. Дури ако влегуваме во однос со другите, тоа е само со единствена цел – преку нив да примиме задоволство.

Таквата егоистична состојба се нарекува „разбиена душа на Адам ха Ришон", и наша задача е, како делови од таа душа, да ја поправиме. Во суштина ние не мораме да ја поправаме, туку треба да сфатиме дека не е можно да го почувствуваме вистинското задоволство во сегашната состојба според законот на желбата за примање: „Кога го имам посакуваното, престанувам да го посакувам." Кога тоа ќе го сфатиме, ќе почнеме да бараме излез од стапицата на тој закон – стапицата на егоизмот.

Стремежот за ослободување од егоизмот доведува до будење на „точката во срцето" – *желба за духовност*. „Точката во срцето", слична на секоја друга желба, се зголемува и се намалува, зависно од влијанието на околината. Значи, ако сакаме да го засилиме стремежот кон духовноста, треба да создадеме опкружување кое ја поддржува духовноста и нејзиниот развој. Овој последен (но најважен) дел на книгата ќе раскаже што треба да се стори за создавање на соодветно духовно опкружување на лично, општествено и меѓународно ниво.

Мрак пред зори

Ноќниот мрак се згуснува пред зората. Слично на тоа, авторите на книгата „Зохар" пред речиси 2000 години, истакнувале дека најмрачното време во историјата на човештвото ќе настапи пред неговото духовно будење. Во текот на вековите, почнувајќи од Ари, авторот на книгата „Дрво на животот", кој живеел во XVI век, кабалистите тврделе дека: времето за кое зборува книгата „Зохар", е крајот на XX век. Тие го нарекувале „последна генерација".

Кабалистите воопшто не мислеле дека сите ќе нè снема во некоја апокалиптична величествена катаклизма. Во кабалата поимот „генерација" подразбира духовна состојба. Последна генерација е последната највисока состојба која може да биде достигната. Така, кабалистите тврделе дека времето во кое живееме – почетокот на XXI век, ќе стане време за појавување на генерација подготвена за духовно издигнување.

Меѓутоа, кабалистите исто така говореле дека ние не можеме да продолжиме да се развиваме како до сега. Ако сакаме промени кон подобро во иднината, ако сакаме да растеме, потребен ни е нашиот свесен и доброволен избор.

Појавувањето на последната генерација, генерацијата на доброволниот избор, како и секој почеток или раѓање, не е едноставен процес. До неодамна се одвивал развојот на нашите пониски желби (од неживото до човечкото ниво), без да ги засегне духовните. Сега пак, духовните *решимот* (духовните гени) се манифестираат во милиони луѓе, барајќи реализација во *реалниот* живот.

Кога *решимот* се манифестираат во нас за првпат, ние сè уште немаме соодветен метод за работа со нив.

Тие се слични на нова технологија за која најпрво треба да научиме како да ја применуваме. Значи, во процесот на обучување ние се обидуваме да ги разбереме новите *решимот* со застарениот начин на размислување, бидејќи тој начин ни помагаше да ги осознаеме *решимот* од пониското ниво на желбите. Не е за чудење дека тоа не функционира, и ние се разочаруваме. Кога тие *решимот* се будат во човекот, во него се создава недоверба во своите можности кои се заменуваат со депресија, и така продолжува сè додека тој не сфати како треба да се однесува кон своите нови желби. Тоа обично се случува кога се применува мудроста кабала, чија првична намена е да се справува со духовните *решимот*, како што беше опишано во првиот дел.

Ако човекот не може да најде решение, тој почнува да ги потиснува новите желби и може да западне во опседнатост со работа, да стекне секакви лоши навики, или да преземе други мерки за да ги затаи проблемите, обидувајќи се да го избегне неопходното – да научи да се справува со неизлечливата болка.

Слична криза може да стане причина за незамисливи страдања на лично ниво, но се чини дека тоа не е толку сериозен проблем, кој може да ја наруши стабилноста на социјалната структура. Меѓутоа, ако духовните *решимот* истовремено се манифестираат во милиони луѓе, посебно ако тоа се случи во различни земји – доаѓа до глобална криза. Глобалната криза, пак, бара глобални решенија. Сосема е јасно дека денес човештвото се наоѓа во таква ситуација. Депресијата во САД го достигна непредвидливото високо ниво, но и во многу други развиени земји сликата не е подобра. Во 2001 година извештајот на Светската здравствена организација (СЗО) го даде следниот извештај: „Депресијата е водечката причина за нестабилноста во САД и во целиот свет."

Друг сериозен проблем на современото општество претставува алармантната употреба на наркотици. Наркотиците се употребувале секогаш во минатото, најмногу во медицината или ритуалите, но сега нивната употреба е проширена меѓу младите луѓе, кои се обидуваат да го олеснат чувството на празнина што ги зафаќа. Бидејќи депресијата се шири, расте и употребата на наркотици, зголемувајќи го бројот на криминал поврзан со нивната употреба.

Уште еден аспект на кризата е проблемот на семејството. Институцијата брак секогаш претставуваше симбол на стабилност, топлина, заштита, но повеќе не е така. Според Националниот центар за медицинска статистика, секој втор брачен пар завршува со развод, и овие податоци важат за целиот западен свет. Згора на тоа, за да се решат за развод паровите не мораат да поминуваат тешка криза поврзана со конфликт. Денес дури и сопружниците на возраст од 50–60 години не наоѓаат причини за зачувување на семејството, после напуштањето на домот од страна на децата. Бидејќи имаат стабилни приходи, тие не се плашат да отворат нова страница во својот живот, што само пред неколку години се сметало за непогодно за преземање на слични чекори. Се појави дури и симпатичен назив за оваа појава: „Синдром на испразнето гнездо". Но вистинската причина е во тоа што после напуштање на домот од страна на децата, сопружниците немаат ништо што би ги задржало заедно, бидејќи тие едноставно не се сакаат.

Ете ја вистинската празнина: недостаток на љубов. Ако се сетиме дека сите сме создадени како егоисти од некоја сила која сака да дава, се појавува шанса за нас. На крај, вложувајќи одредени напори, ние ќе го решиме овој проблем.

Меѓутоа, современата криза е единствена не само по својот општ светски карактер, туку и по својата сестраност, што ја прави сеопфатна и тешка за управување. Оваа криза е присутна речиси во секоја област на човековата активност – личната, општествената, меѓународната, во науката, медицината и во климата на планетата. На пример, само пред неколку години, темата „време" била спас за човекот, кој немал што да каже за другите теми. Денес пак, од сите нас се бара да ја разбираме сложеноста на климата. Промената на климата, глобалното затоплување, покачувањето на нивото на водата во морињата и почетокот на новата сезона на урагани, се секојдневна тема за разговор.

„Големо топење" е насловот со кој Џефри Лин иронично ја нарекол состојбата на планетата во својата статија објавена во „Индепендент" (**„The Independent"**) на 20 ноември 2005 година. Главниот наслов на статијата на Лин е: „Големо топење: глобалната катастрофа ќе се случи ако се растопат ледените капи на Гренланд", со поднаслов: „Научниците велат дека тие исчезнуваат многу побрзо одошто се очекуваше".

Времето не е единствена катастрофа која се појавила на хоризонтот. На 22 јуни 2006 година во весникот „Нејчр" („Nature") било објавено истражувањето на Калифорнискиот универзитет, во кое се тврдело дека во пукнатината Сан Андреас е акумулиран таков напон што е доволен да предизвика следна голема катастрофа. По зборовите на професорот Јуриј Фиалко од Институтот за океанографија Скрипс, при Калифорнискиот универзитет, „пукнатината е огромна сеизмичка опасност и спремна е за следен силен земјотрес".

Ако успееме да ги преживееме бурите, земјотресите и зголемувањето на нивото на морињата, секогаш ќе се најде некој „Бин Ладен" кој ќе ни напомни дека нашите животи можат да станат многу пократки, одошто сме планирале.

И последно, но не помалку важно: постојат проблеми поврзани со здравјето на човекот, кои го бараат нашето внимание – СИДА, птичјиот грип, кравјото лудило и сигурно, „старата гарда": ракот, кардиоваскуларните заболувања и дијабетесот. Тука може да се спомене и многу друго, но веќе ја сфативте суштината. Некои од наведените проблеми, поврзани со човековото здравје не се нови, но ги спомнуваме заради нивното ширење низ целата земјина топка.

Заклучок: старата кинеска поговорка вели ако сакаш некого да проколнеш, речи: „Ти посакувам да живееш во време на промените". Нашето време е навистина такво, но тоа не е проклетство. Тоа е токму такво како што е ветено од книгата „Зохар" – мрак пред зори. Сега да видиме дали постои решение за проблемот.

Прекрасен свет на четири чекори од нас

За промена на светот ќе треба да се направат четири чекори:

1. Да се препознае кризата;
2. Да се најдат причините;
3. Да се одреди најдобриот начин за нејзино решавање;
4. Да се изработи план за нејзино отстранување.

Да ги проучиме еден по еден.

1. Да се препознае кризата

Поради некои причини, многумина досега не се свесни за постоењето на кризата. Владите и меѓународните корпорации први треба сериозно да се фатат за работа.

Но конфликтот на интересите им пречи да се обединат за успешно да се справат со кризата. Освен тоа, повеќето од нас сѐ уште не чувствуваат дека создадената ситуација секому му се заканува лично, и затоа ја отфрлуваме можноста да ја расчистиме пред да отиде предалеку.

Но најголемиот проблем е во тоа што не сме ги зачувале сеќавањата за преживеаните опасни ситуации од порано. Заради тоа не можеме правилно да ја процениме денешната. Не може да се каже дека катастрофи не се случувале и порано, но нашето време е единствено во смисла на тоа што денес тие се случуваат во сите насоки сосема неочекувано – во секој аспект од човековиот живот и насекаде во светот.

2. Да се најдат причините

Кризата се појавува кога се случува конфронтација на два елементи и победникот му ги наметнува своите правила на победениот. Човековата природа или егоизмот ја манифестира својата спротивност на Природата, односно алтруизмот. Заради тоа многумина чувствуваат тага, потиштеност, неувереност и разочарување. Накратко, кризата всушност не се случува однадвор. Дури иако таа со сета очигледност опфаќа одреден физички простор – кризата е внатре, во нас. Кризата претставува огромна борба на доброто (алтруизмот) и злото (егоизмот). Жално е дека мораме да глумиме „лоши момчиња" во реалното „риалити шоу" . Но, не губете надеж. Сѐ укажува на тоа дека нѐ очекува среќен крај.

3. Да се одреди најдобриот начин за решавање на кризата

Колку поточно ја одредиме скриената причина за кризата – својот егоизам, толку подобро ќе сфатиме што треба да измениме во себе и своето општество. Кога ќе го сториме тоа, ќе можеме да ја ослабнеме кризата и да најдеме позитивно, конструктивно решение на социјалните и еколошките проблеми. Истражувајќи ја темата за слободата на избор, ќе позборуваме подетално за тие промени.

4. Да се изработи план за отстранување на кризата
По завршувањето на првите три фази на планот, можеме подетално да го опишеме. Но и најдобриот проект нема да има успех без активната помош од водечките општопризнати организации. Значи, потребна е меѓународна поддршка од големи размери, од страна на научници, мислители, политичари, ООН, медиуми и здруженија. Всушност, бидејќи ние се развиваме од едно ниво на желбите на друго, сето ова што сега се случува, за првпат се случува на духовното ниво на желбите. Ако помниме дека се наоѓаме на ова скалило, ќе можеме да ги искористиме знаењата на оние кои веќе се поврзани со Духовните Светови, на ист начин на кој ги користиме другите научни податоци кои ги имаме на располагање.

Кабалистите кои веќе ги достигнале духовните светови – изворот на нашиот свет, ги гледаат *решимот* (духовните корени) како предизвикувачи на денешнава состојба, и можат да ни го покажат излезот од проблемите чии извори се во духовниот свет.

Така ние лесно и брзо ќе се справиме со кризата, бидејќи ќе ги знаеме причините за случувањата и потребните дејства за совладување на негативните ситуации. Размислете вака: кога би дознале за постоење на луѓе способни да го предвидат резултатот на утрешната лотарија, зар нема да посакате да бидете до нив кога ќе се обложувате?

Тука нема магија – само знаење на правилата на играта која се случува во духовниот свет. Ако погледнеме на создадената ситуација со очите на кабалистот, не постои никаква криза, едноставно ние сме малку дезориентирани и затоа се обложуваме на погрешни бројки. Кога ќе ја пронајдеме потребната насока, тогаш решавањето на (непостојната) криза ќе биде лесна работа. Така ќе ја оствариме добивката. Убавината на кабалистичките знаења е во тоа што за нив не се бараат авторски права – тие се сечија сопственост.

Дознајте ги границите на вашите можности

 Древна молитва
Боже, дај ми сила да го сменам во мојот живот она што можам да го сменам, дај ми храброст да го прифатам тоа што не можам да го сменам, и дај ми мудрост да го разликувам едното од другото.

Од наша гледна точка ние сме единствени и независно функционирачки личности. Таква е општата претстава. Замислете низ колку вековни борби поминал човечкиот род за да ја добие конечно ограничената лична слобода која денес ја имаме.

Но не сме единствени кои страдаат од губењето на слободата. Ниту едно битие не се покорува без борба. Отпорот кон секаква форма на поробување е вродена, природна особина. Сепак, дури признавајќи дека сите битија имаат право на слобода, ние не го сфаќаме нејзиното вистинско значење, ниту ја гледаме поврзаноста меѓу неа и процесот на поправањето на човечкиот егоизам.

Ако искрено се прашаме во што е смислата на слободата, најверојатно ќе откриеме дека остануваат малку од нашите сегашни претстави за неа. Затоа, пред да зборуваме за слободата треба да знаеме што значи да бидеш слободен. За да се убедиме дека ја сфаќаме смислата на слободата, треба да погледнеме внатре во себе и да размислиме дали можеме да направиме барем едно дело по своја слободна волја. Постојано растечката желба за примање без престан нè тера да бараме подобар и попријатен живот, но навлегувајќи во овој магичен круг, ја губиме можноста за избор.

Од друга страна, ако желбата за примање е причина за сите зла, можеби постои начин да ја ставиме „под контрола"? Ако успееме тоа да го сториме, можеби ќе ни успее да го контролираме целиот процес? Инаку, без таква контрола, играта ќе биде изгубена пред да започне. Но ако изгубиме, кој ќе добие? Со кој (или со што) ние се натпреваруваме? Ја вршиме својата работа небаре надворешните случувања зависат од нас. Дали е така навистина? Зар не е подобро да ги оставиме обидите да го измениме својот живот и едноставно да се препуштиме на текот?

Од една страна, истакнавме дека сите природни објекти се противат на секакво потчинување. Од друга страна, Природата не ни открива кога дејствуваме независно, слободно (ако тоа воопшто е можно), а кога невидливиот Куклар ни создава привид на слобода. Згора на тоа, ако Природата работи согласно со Големата Замисла, дали можеби овие прашања и неизвесноста се дел од Замислата? Можеби постои скриена причина поради која треба да чувствуваме збунетост и конфузија. Можеби конфузијата и разочарувањето се начинот на Кукларот да ни каже: „Погледнете повнимателно каде одите сите вие, зашто ако Ме барате Мене, тоа го правите во погрешна насока".

Малкумина ќе негираат дека сме навистина дезориентирани. Но за да ја одредиме нашата насока, треба да знаеме каде да го свртиме погледот. Тоа ќе ни помогне да заштедиме години на безуспешни обиди. Прво што е пожелно да се најде е: во што можеме да направиме слободен и независен избор. Откога ќе го осознаеме тоа, ќе сфатиме на што треба да ги фокусираме напорите.

Уздите на животот

Целокупната Природа се потчинува на еден закон – законот на уживањето и страдањето. Ако единствената материја на Создавањето е желбата за примање на задоволство, тогаш е потребно само едно правило на однесување: тежнеење кон уживањето и бегство од страдањето.

Луѓето не се исклучок од правилото. Ние се придржуваме на претходно вградениот нацрт, кој целосно го одредува секој наш чекор: сакаме колку е можно повеќе да добиваме, а најмалку да работиме. И по можност сѐ да е добиено бадијала! Затоа, што и да правиме, дури и кога нашите дејства се несвесни, постојано се обидуваме да го избереме уживањето и да го избегнеме страдањето.

Дури иако се чини дека навидум се жртвуваме, всушност, тоа „жртвување" во тој момент ни причинува многу поголемо задоволство, отколку кој било друг избор. Причината поради која се залажуваме себеси, мислејќи дека се раководиме со алтруистички мотиви, е во тоа што ни е попријатно да се залажуваме, одошто да си ја признаеме вистината. Како што некогаш рече Агнес Реплиер: „Ниедна голотија не предизвикува таков протест, како голата вистина".

Во третиот дел говоревме дека втората фаза дава, иако е мотивирана со желба за примање, како и во првата фаза. Тоа е коренот на сите „алтруистички" дејства кои ги „даваме" еден на друг. Гледаме дека сите наши дејства се поради „очекување на добивка".

На пример, јас ја споредувам куповната цена со очекуваните придобивки кои ќе ги имам. Ако сметам дека задоволството (или отсутноста на страдањето) од поседувањето на тој предмет ќе ја надмине цената која ќе морам да ја платам, тогаш му велам на мојот „внатрешен брокер": „Купувај! Купувај! Купувај!". Така ги палам зелените светла на мојата ментална Вол Стрит плоча.

Можеме да ги промениме приоритетите, да прифатиме други претстави за доброто и злото и дури да ја „истренираме" бестрашноста. Згора на тоа, целта може да се претстави толку важна, па сите тешкотии на патот до нејзиното достигнување да ни се видат мали и несериозни.

На пример, ако ме интересира положбата во општеството и добрите приходи поврзани со дејноста на познат лекар, јас ќе се трудам напорно во тскот на неколку години на Медицинскиот факултет, уште неколку години ќе страдам од ненаспаност при стажирањето, со надеж за слава и богатство во иднина.

Понекогаш, да се плати со страдање во сегашноста за успех во иднината изгледа толку природно, што и не забележуваме како тоа го правиме. На пример, ако тешко се разболам, и дознаам дека мојот живот може да се спаси само со хируршка интервенција, со радост ќе се согласам на операција. Дури и ако операцијата може да изгледа многу непријатна и ризична, сепак не е толку опасна, како болеста. Во некои случаи луѓето се подготвени да платат значителна сума, за да поминат низ такво тешко искушение.

Промена на општествената околина поради сопствена промена

Природата не само што „нè осудила" на постојано бегство и постојана потрага по задоволства, туку ни ја одзела и способноста да одредуваме какви уживања посакуваме. Со други зборови, ние не можеме да ги контролираме своите желби, и тие излегуваат без предупредување, без да нè прашаат за мислење.

Сепак, создавајќи ги нашите желби, Природата ни дала и средство за нивна контрола. Ако сите помниме дека сме делови од една душа – душата *Адам* ха *Ришон*, не е тешко да видиме дека сопствените желби можеме да ги контролираме влијаејќи врз целата душа, што значи врз целокупното човештво, или барем врз дел од него.

Да го разгледаме тоа на следниот начин: ако една клетка сака да оди налево, а целото тело надесно, клетката ќе мора да оди надесно. Освен ако успее да го убеди целото тело, или огромното мнозинство на клетки, или „владата" на телото, дека е подобро да се оди налево.

Значи, без оглед на тоа што ние не можеме да ги ставиме под контрола нашите желби, општеството може да ги контролира, а тоа и го прави. Бидејќи ние можеме да го контролираме сопствениот избор на општество, можеме да избереме такво, кое според нашите претстави, најдобро ќе влијае врз нас. Поедноставно речено, може да се искористи влијанието на општеството за спроведување на контролата врз сопствените желби. Контролирајќи ги желбите, ние ќе ги контролираме нашите мисли, и конечно, дејствата.

Книгата „Зохар" пред речиси две илјади години веќе ја опишала важноста на опкружувањето. Но од XX век, кога станало очигледно дека ние зависиме еден од друг во однос на преживувањето, ефективната примена на таа наша несамостојност станала од клучно значење за духовното напредување. Од огромно значење за општеството е пораката која кабалистот Јехуда Ашлаг ни ја донел во многуте свои есеи, и ако ја проследиме линијата на неговата мисла, ќе сфатиме зошто е тоа така.

Јехуда Ашлаг вели дека најголема желба на секого, признавале ние или не, е да се биде сакан од другите, и да се придобие нивното одобрување. Тоа не само што ни дава чувство на самоувереност, туку го зацврстува највредното наше богатство – нашиот егоизам. Кога не добиваме одобрување од општеството, ни се чини дека тоа го негира нашето постоење, а тоа е неподносливо за нашето его. Ете зошто луѓето одат во крајност за да се здобијат со вниманието на другите.

Бидејќи наша најголема желба е да се придобие одобрување од општеството, мораме да се прилагодуваме кон законите на своето опкружување (и да ги употребуваме). Тие закони не го одредуваат само нашето однесување, туку и постапките и односот кон сè што правиме, за што размислуваме.

Таа ситуација нè прави неспособни што било да избереме – од начинот на живеење до интересите, начините за поминување на слободното време, па дури и храната што ја јадеме и облеката која ја носиме. Згора на тоа, правејќи избор да се облекуваме спротивно на модата или игнорирајќи ја, се обидуваме да искажеме рамнодушност кон *одредени социјални правила*, кои би сакале да ги отфрлиме. Со други зборови, кога не би постоела модата која сакаме да ја игнорираме, не би морале тоа да го правиме, и тогаш сигурно би одбрале друг стил на облека. На крајот на краиштата, единствениот пат да се измениме себеси е да ги измениме социјалните норми на нашето опкружување.

Четири фактори

Ако не сме ништо повеќе од производ на околината, и ако реално не сме слободни во своите постапки и мисли, дали можеме да одговараме за своите дејства? Ако за тоа не одговараме ние, тогаш кој? За да одговориме на овие прашања, треба прво да ги сфатиме четирите фактори кои нѐ одредуваат и како треба со нив да работиме, за да се стекнеме со слободата на избор.

Согласно со кабалата, сите го доживуваме влијанието на четирите фактори:

1) „Основата" (есенцијата, сржта), исто така наречена „првична материја";
2) Непроменливите особини на основата,
3) Особини, кои се менуваат под влијание на надворешните сили,
4) Промени во надворешната средина.

Да видиме, какво значење за нас има секој од нив.

1. Основата, првична материја

Нашата непроменлива срж се нарекува „основа". Јас можам да бидам среќен или тажен, замислен, лут, асоцијален или комуникативен. Меѓутоа, во секакво расположение, во секое општество, основата на моето „јас" секогаш останува непроменлива.

За да се сфати идејата на четирифазната состојба, ќе го замислиме растот и свенувањето на растенијата. Да ја земеме за пример пченицата. Разложувајќи се во земјата, зрното пченица целосно ја губи формата, но без оглед на тоа, од него може да израсне само нов пченичен 'ркулец и ништо друго. Тоа се случува затоа што основата останала непроменета, суштината на зрното засекогаш останува суштина на пченицата.

2. Непроменливи особини на основата

Исто како што основата останува непроменета, а зрното пченица секогаш дава живот на новото зрно пченица, не се менува ни начинот на развојот на пченицата. Едно растение може да изроди неколку слични на себе во новиот животен циклус, количеството и квалитетот на новите растенија можат да се менуваат, но нивната основа, суштината на првичната форма на пченицата останува непроменета. Поедноставно кажано, ниту едно друго растение не може да израсне од зрното пченица, и сите растенија од ова семејство секогаш ќе се развиваат според еден принцип – почнувајќи од моментот кога од зрното никнува 'ркулец сѐ до времето на свенувањето.

Слично на тоа, редоследот на развојот на сите деца е единствен. Благодарение на тоа ние знаеме (повеќе или помалку) кога кај детето почнуваат да се манифестираат одредени способности, кога може да почне со конзумирање на таква или онаква храна. Ако немаме таков јасен редослед, не би можеле да изградиме дијаграм на човечкиот раст. Ова важи и во однос на кој било друг објект.

3. Особини кои се менуваат под влијание на надворешните сили

Со оглед на тоа дека зрното пченица останува зрно на истото растение, неговите особини може да се изменат како резултат на влијанијата на животната средина, како што се осветлувањето, почвата, ѓубривото и влажноста. Значи, додека пченицата како и претходно останува пченица, нејзината „амбалажа", особините на нејзината суштина можат да се менуваат под влијание на надворешните фактори. Така нашето расположение се менува во друштво на други луѓе или во различни ситуации, при што ние самите (нашата основа) остануваме исти. Понекогаш долготрајното влијание на околната средина може да го смени не само нашето расположение, туку и карактерот. Таквите нови квалитети не се создаваат од опкружувањето, туку престојувањето во друштво со одреден тип луѓе ги активира соодветните страни на нашиот карактер.

4. Промени во надворешното опкружување

Околната средина која влијае врз зрното исто така подлежи на влијание од надворешни фактори, како климата, квалитетот на воздухот и близината на други растенија. Токму затоа луѓето садат растенија во стакленици и вештачки ја ѓубрат почвата, обидувајќи се да создадат најдобри услови за нивниот раст.

Во човечкото општество ние постојано го менуваме своето опкружување: рекламираме нови производи, избираме влади, посетуваме различни школски установи, го поминуваме времето со пријателите. Значи, за контролирање на сопствениот развој, треба да научиме да го контролираме изборот на видот на луѓе, со кои го поминуваме времето. Најважно е да ги одбереме оние кои ќе ни служат за пример. Токму тие луѓе најмногу ќе влијаат врз нас.

Ако се стремиме кон поправка – да станеме алтруисти, треба да знаеме какви општествени промени придонесуваат за таа поправка, и да ги следиме до крај. Со помош на овие последни фактори – промените во надворешното опкружување – ние ја формираме својата суштина, ги менуваме квалитетите на својата основа и ја одредуваме својата судбина.

Избор на правилно опкружување за поправка

Дури и да не можеме да ги избереме квалитетите на својата основа, сепак можеме да влијаеме врз својот живот и судбината избирајќи за себе конкретна општествена средина. Со други зборови, бидејќи опкружувањето влијае врз квалитетите на основата, ние можеме да ја одредуваме својата иднина создавајќи опкружување, кое ќе придонесува за достигнување на поставените цели.

Штом ја дефинирам својата насока и создадам средина што ќе го стимулира мојот напредок кон целта, имам можност да го користам општеството како засилувач на својот развој. Ако, на пример, посакувам пари, јас треба да се опкружам со луѓе кои се стремат кон нив, зборуваат за нив и напорно работат за да ги стекнат. Сето тоа ќе ме инспирира за напорна работа и ќе ги насочи моите мисли во насока на остварување на финансиски успех.

Уште еден пример. Ако имам прекумерна телесна тежина и сакам да ослабам, најлесниот начин да го направам тоа е да се опкружам со луѓе кои мислат, зборуваат за тоа и се инспирираат едни со други за да изгубат од телесната тежина. Можам да направам и повеќе од опкружувањето со луѓе кои ќе ја создадат потребната средина: книгите, филмовите, статиите ќе го зголемат влијанието на тоа опкружување. Одговараат секакви средства кои ја засилуваат и поддржуваат мојата желба да ја намалам тежината. Такви се правилата на средината. Здруженијата на анонимни алкохоличари, установите за лекување на зависности, прекумерната тежина... – сите тие ги користат силите на опкружувањето за давање помош на оние луѓе кои не можат да си помогнат самите. Правилно употребувајќи го своето опкружување, може да се достигне сè за што не можевме ниту да сонуваме. Што е најдобро: ние дури нема да почувствуваме дека правиме некој напор.

Секоја птица кон своето јато

Во првиот дел говоревме за принципот на „сличност на формите". Истиот принцип ќе го примениме тука, само на физичко ниво. Слични луѓе се чувствуваат добро кога се заедно, бидејќи нивните желби и мисли се исти. Познато е дека секоја птица лета кон своето јато. Да одиме со обратен процес. Одбирајќи за себе „јато", можеме да дефинираме каква „птица" ќе станам на крај.

Стремежот кон духовност не е исклучок. Ако јас се стремам кон духовност и сакам да ја зголемам таа желба, треба само да се опкружам со соодветни пријатели, книги и филмови. Сè друго ќе доврши човековата природа. Ако група луѓе одлучи да се поистовети со Создателот, ништо не може да ги спречи, дури ни Самиот Создател. Кабалистите тоа го нарекуваат „Моите синови Ме победија".

Сепак, зошто не гледаме навалица од духовност? Па, тука постои мала пречка: *духовноста не може да се почувствува пред да се стекне*. Проблемот е во тоа што не гледајќи и не чувствувајќи ја целта, многу е тешко вистински да се посакува, а веќе знаеме колку е тешко да се достигне нешто без да се има огромна желба за тоа.

Размислете за тоа вака: сите наши стремежи во овој свет се создаваат како резултат на некое надворешно влијание. Ако сакам пица, тоа е само поради тоа што пријателите, родителите, телевизијата ми говореле колку е добра. Ако сакам да станам правник, тоа е само поради тоа што во општеството таа професија се смета за престижна и добро платена.

Но каде има некој во општеството да ми раскаже колку е прекрасно да се поистоветиш со Создателот? Освен тоа, ако таквата желба не е карактеристична за општеството, од каде би се појавила во мене? Може ли да се појави од никаде?

Не, од никаде не може, таа се создава од *решимот*. Тоа е сеќавање за иднината. Да објасниме. Во четвртиот дел говоревме дека *решимот* се белешки, сеќавања, кои се втиснати во нас кога се наоѓавме на повисоките скалила на духовната скала. Тие *решимот* лежат во нашата потсвест и излегуваат на површина едноподруго, предизвикувајќи нови, или посилни желби во споредба со претходните.

Освен тоа, бидејќи сите ние некогаш се наоѓавме на повисоките скалила на духовната скала, сите доживуваме будење на желбата за враќање во тие духовни состојби, кога доаѓа нашето време да го доживееме духовното ниво на желбите. Затоа *решимот* се сеќавања на нашите сопствени идни состојби.

Прашањето не треба да биде: „Како е можно јас да го посакувам она што не е прикажано во моето опкружување?" Прашањето треба да се формулира вака: „Бидејќи кај мене постои оваа желба, како да ја искористам со максимална корист?" Одговорот е едноставен: однесувајте се кон неа како што би се однесувале со која било друга желба – мислете, говорете, читајте, пејте за неа. Правете сè што е можно за да ја зголемите нејзината вредност, и вашето напредување ќе се забрза пропорционално на тоа.

Во книгата „Зохар" е раскажана инспиративна (и вистинита) историја за мудрецот Раби Јоси Бен Кисма – најголемиот кабалист на своето време. Еднаш богат трговец од друг град му пришол и му предложил да се пресели во друг, побогат град, да отвори таму духовно училиште за луѓе кои се жедни за мудрост. Трговецот објаснил дека во неговиот град нема мудреци, а потребата за духовен учител е голема. Не мора да споменеме дека тој му ветил на Раби Јоси великодушно да се погрижи за неговите лични потреби и за потребите на училиштето. На големо изненадување на трговецот, Раби Јоси категорично одбил, велејќи дека под никакви околности нема да се пресели на некое место каде што нема други мудреци.

Обесхрабрениот трговец се обидувал да му се спротивстави, наведувајќи аргумент дека Раби Јоси е најголем мудрец на својата генерација, кој нема потреба од никого да учи. „Меѓу другото, – рекол трговецот – преселбата во нашиот град и обуката за луѓето што живеат таму, ќе биде од ваша страна голема духовна услуга, бидејќи тука веќе има голем број мудреци, а ние немаме ниту еден. Ќе дадете значаен придонес за духовноста на оваа генерација. Можеби големиот учител барем ќе размисли за мојот предлог?"

На тоа Раби Јоси цврсто му одговорил: „Дури и најмудриот наскоро ќе ја изгуби својата мудрост, ако живее меѓу глупавите". Не дека не сакал да им помогне на сограѓаните на трговецот, туку едноставно знаел дека немајќи соодветно опкружување, тој двојно ќе изгуби – нема да може да ги обучи своите ученици, и ќе го изгуби своето духовно ниво.

Нема анархисти

Претходниот дел може да ве наведе на мислата дека кабалистите се анархисти, желни да го нарушат јавниот ред и мир, промовирајќи изградба на духовно-ориентирани заедници. Тоа е далеку од вистината.

Јехуда Ашлаг недвосмислено појаснува, а тоа ќе го потврди секој социолог и антрополог, дека човечките суштества се општествени творби. Со други зборови, немаме друг избор освен да живееме во општество, бидејќи сме дел од севкупната душа. Следува дека треба да се потчинуваме на законите на општеството во кое живееме и да се грижиме за неговата благосостојба. Единствен начин тоа да се постигне е строго да се придржуваме кон неговите правила.

Напоредно со ова, Ашлаг тврди дека во секоја ситуација која не се однесува на општеството, тоа нема никакви права или оправданија да ја ограничува слободата на личноста. Јехуда Ашлаг оди подалеку нарекувајќи ги криминалци тие што го прават тоа, и вели дека Природата не го обврзува човекот да се потчинува на волјата на мнозинството, кога се работи за духовното напредување. Напротив, духовниот растеж е лична должност на сите и на секого од нас. Низ духовен подем ние го поправаме не само својот живот, туку и животот на целиот свет.

Многу е важно да се сфатат разликите меѓу должностите во општеството во кое живееме и одговорноста за својот духовен растеж. Знаејќи каде да се подвлече црта и како да се придонесе и за едното и за другото, ќе се ослободиме од многу недоразбирања и лажни претстави за духовноста. Правилата на живеење треба да се едноставни и јасни: во секојдневниот живот ние се придржуваме на нормите утврдени со закон, а во духовното сме слободни да се развиваме индивидуално. Излегува дека личната слобода може да се стекне само чекорејќи по патот на духовниот развој, во што не треба да се мешаат други луѓе.

Смртта на егоизмот е неизбежна

Љубовта за слобода – е љубов спрема луѓето,
љубовта за власт – е самољубие.

Вилијам Хезлит (1778–1830)

За момент да се вратиме кон основите на Создавањето. Единствено создание на Создателот е нашата желба за примање, нашиот егоизам. Таква е нашата суштина. Умеејќи да го „деактивираме" сопствениот егоизам, ние ќе ја воспоставиме врската со Создателот, бидејќи единствено самољубието ни пречи повторно да ја стекнеме формата еквивалентна на Неговата, каква што веќе постои во духовните светови. Деактивирањето на егоизмот е почеток на нашето искачување по духовната скала, почеток на поправниот процес.

По иронијата на Природата, луѓето кои им попуштаат на своите егоистички страсти, не можат да бидат среќни. И тоа од две причини: 1) како што објаснивме во првиот дел, егоизмот е „стапица": по добивањето на посакуваното, престануваш да го посакуваш; 2) егоистичната желба не повлекува само задоволување на личните каприци на човекот, туку и незадоволство на другите луѓе.

За да се сфати подобро втората причина, треба да се вратиме кон основите. Првата од четирите фази на ширењето на Светлината е само желба за примање на задоволства. Втората фаза е веќе посложена, и се карактеризира со желба да се прима задоволство од давањето, бидејќи давањето е состојба на Создателот. Ако развојот на човекот застанал во првата фаза, тој ќе почувствува задоволство истиот момент откако ќе се исполни неговата желба и нема да се грижи дали другите се задоволни.

Втората фаза – желбата за давање – нè поттикнува да ги забележуваме луѓето на кои би можеле да им даваме. Но бидејќи нашата основна желба е насочена кон примање, гледајќи ги другите, ние гледаме само дека „тие го имаат она што го немам јас". Втората фаза сугерира постојана споредба со другите, а првата со нејзината желба за примање – дозволува стремеж да се издигнеш над нив. Затоа се наслaдуваме на туѓите недостатоци.

Меѓу другото, токму затоа минималните трошоци за живеење во различни земји не се исти. Речникот на Вебстер ги одредува како „ниво на приходите на лицето или семејството под кое почнува сиромаштијата, соодветно на стандардите усвоени од владата". Кога сите околу мене би биле сиромашни како мене, јас не би се чувствувал како сиромав. Кога сите околу мене би биле богати, а моите приходи би биле средни, јас би се чувствувал како најсиромашен човек на Земјата. Со други зборови, нашите норми се формираат од комбинација на првата фаза (што посакуваме да имаме) и втората фаза (нашата желба се одредува според тоа што го имаат другите).

Всушност, нашата желба за давање наместо да биде гарант на тоа дека нашиот свет може да биде добро место за живеење, претставува причина за целокупното зло кое постои во светот. Во тоа е суштината на нашата расипаност. Значи, сета неопходна поправка се состои во промената на намерата за примање – во намера за давање.

Лекување

Ниедна желба, ниедна особина не се порочни по својата природа, сè зависи од тоа како ние ги користиме. Древните кабалисти говореле: „Зависта, страста и гордоста го одведуваат човекот од светот" – што значи „од нашиот свет во духовниот свет".

Како? Ние веќе забележавме дека зависта доведува до желба да се напредува, а тоа е движечка сила на прогресот. Зависта дава многу поголем резултат од технолошките и другите материјални достигнувања. Во „Предговорот кон книгата Зохар" Јехуда Ашлаг истакнува дека луѓето можат меѓусебно да се чувствуваат, и затоа можат да почувствуваат недостаток од тоа што го имаат другите. Бидејќи се исполнети со завист и го посакуваат сето она што го имаат другите, колку повеќе имаат, толку поголема празнина чувствуваат. На крај, посакуваат да го „лапнат" целиот свет.

Како резултат на тоа, зависта го доведува човекот до тоа што тој не може да се задоволи со ништо освен со Самиот Создател. Но, тука повторно Природата се пошегувала со нас: Создателот е желба за давање, алтруизам. Иако од почеток тоа не го сфаќаме, сакајќи да го преземеме воланот и да станеме Создатели, ние всушност сакаме да станеме алтруисти. Така, благодарение на зависта – најподмолната и најштетната особина – нашиот егоизам самиот се осудува на смрт, слично на ракот кој го уништува телото на домаќинот, сè додека не умре заедно со телото кое самиот го уништил.

Ние повторно можеме да ја истакнеме важноста од создавањето на правилна општествена средина, затоа што ако сме принудени да завидуваме, тогаш барем тоа би требало да се направи конструктивно, т.е. да завидуваме на она што ќе нè доведе до поправање.

 Ете како кабалистите го опишуват егоизмот: егоизмот е сличен на човек со меч, кој на острицата има капка од многу ароматичен, но смртоносен отров. Човекот знае дека тоа е фатален отров, но не може ништо да стори со себе. Ја отвора устата, го лизнува отровот од острицата и голта...

Праведното, среќно општество не може да се заснова врз контролиран или „насочен во потребен правец" егоизам. Можеме да се обидуваме да го ограничуваме со законските правила, но тоа ќе функционира само додека ситуацијата не стане претешка. Нешто слично е забележано во Германија. Таму постоеше демократија, сè додека по демократски пат не бил избран Адолф Хитлер. Можеме да се обидеме да го насочиме егоизмот во служба на општеството, но таков експеримент веќе се спроведувал во Русија, со комунизмот, и имал тажен крај.

Дури ни Америка, земјата на слободата и можностите на капитализмот, не успеала да ги направи своите граѓани среќни; согласно со информацијата објавена во „Списание за медицина на Нова Англија": „Годишно повеќе од 46 милиони Американци на возраст од 15 до 54 години страдаат од депресија". Во „Архиви на генералната психијатрија" („Archives of General Psychiatry") е објавено: „Користењето на моќни антидепресиви во лекувањето на децата и адолесцентите ... се зголеми повеќе од пет пати во период меѓу 1993 и 2002 година" – што се гледа од известувањето на „Њујорк Тајмс" (The New York Times), на шести јуни 2006 година.

На крај, може да се каже дека додека егоизмот победува, општеството ќе остане неправедно и вака или онака ќе ги изневерува очекувањата на своите граѓани. Конечно, сите општества базирани врз егоизмот ќе се истребат заедно со егоизмот кој ги создал. Треба само да се потрудиме тоа да се случи колку е можно побрзо и побезболно, заради сеопштото добро.

Лажна слобода

Недостатокот на чувствувањето на Вишата Сила, кабалистите го нарекуваат „прикривање на ликот на Создателот". Тоа прикривање создава илузија на слободен избор меѓу нашиот свет и светот на Создателот (духовниот). Кога би можеле да го видиме Него, вистински да ги чувствуваме предностите на алтруизмот, несомнено би го одбрале Неговиот свет наместо нашиот, бидејќи светот на Создателот е свет на давањето и задоволствата.

Сепак, поради фактот дека ние не го гледаме Создателот, не ги следиме Неговите правила, дури и постојано ги кршиме. Всушност и да ги знаеме Неговите правила но не ја согледуваме болката што си ја нанесуваме со кршењето на правилата, тогаш најверојатно би продолжиле да ги кршиме, бидејќи би сметале дека да останеме егоисти е многу поинтересно.

Претходно, во „Уздите на животот" од овој дел, се спомена дека целокупната Природа се потчинува на еден закон – законот на уживањето и страдањето. Со други зборови, сè што планираме е наменето или да си ги олесниме страдањата, или да го зголемиме уживањето. Во тоа не сме слободни. Бидејќи не знаеме, не восприамаме дека овие сили управуваат со нас, се сметаме за слободни.

Меѓутоа, за стекнување на вистинска слобода, прво треба да се ослободиме од уздите на законот „уживање-страдање". Од тоа што токму нашиот егоизам ни кажува што причинува насладување, а што – страдање, ние откриваме: за да станеме слободни треба прво да се ослободиме од нашиот егоизам.

 Прикривање

Барух Ашлаѓ, синот на Јехуда Ашлаѓ, најголемиот кабалист, ги запишувал зборовите слушнати од својот татко. Тие записи потоа биле објавени во посебна книга под наслов „Слушнав" („Шамати"). Во една од белешките е поставено прашањето: ако сме создадени од Виша Сила, зошто не ја чув-

стувуваме? Зошто е таа скриена? Кога би знаеле што Таа бара од нас, не би ги правеле грешките и не би страдале од казните. *Колку едноставен и радосен би станал животот, кога Создателот би Се открил! Не би се сомневале во Неговото постоење и би можеле, апсолутно сите, да ја признаеме Неговата власт над нас и над целиот свет во целина. Би ја сфатиле причината и целта на нашето создавање, би ги набљудувале Неговите реакции на нашите постапки, би комуницирале со Него и би барале совет пред да направиме какво било дејство. Колку прекрасен и лесен би бил животот!* Барух Ашлаг ја завршува својата мисла со логично произлезен заклучок: единствен стремеж во животот треба да биде желбата за откривање на Создателот.

Услови за слободен избор

Иронично, но вистинската слобода на избор е можна само под услов Создателот да е скриен. Тоа е така, бидејќи претпочитајќи една од опциите, нашиот егоизам не ни остава друг избор освен да го постигнеме посакуваното. Во таков случај, дури ако го одбереме давањето, тоа ќе биде давање поради примање, или егоистично давање. За да биде постапката навистина алтруистична и духовна, нејзината вредност треба да биде скриена од нас. Ако не забораваме дека смислата на постоењето на суштеството е во конечното ослободување од егоизмот, насоката на нашите дејства секогаш треба да биде правилна – да води кон Создателот.

Значи, ако ни се дадени две можности, и ние не знаеме која од нив ќе ни донесе поголемо задоволство (или ќе ни причини помалку страдање), тоа значи дека навистина ни се дава шанса да направиме избор според слободата на волјата. Ако егото не гледа кој избор е подобар, можеме да направиме избор според различни системи на вредности.

На пример, треба да се прашаме што ќе овозможи повеќе давање, а не што ќе донесе повеќе задоволство. Ако го цениме давањето, тоа ќе биде лесно да се стори. Може да се биде или егоист, или алтруист; или да се мисли на себе, или на другите. Друг избор нема. Слободата на избор постои кога двете можности се јасно видливи и еднакво привлечни (или непривлечни). Ако пак јас можам да ја видам само едната можност, ќе мора да ја реализирам. Значи, слободата на избор е можна ако човекот ја разбира својата природа и природата на Создателот. Само под услов ако не ми е познато што ќе ми донесе поголемо уживање, јас можам да направам навистина слободен избор и да го неутрализирам својот егоизам.

Остварување на слободен избор

Прв принцип на духовната работа е „вербата над разумот". Затоа, пред да се зборува за остварувањето на слободниот избор, треба да ги појасниме кабалистичките термини „верба" и „разум".

Верба

Речиси во секоја религија или систем на убедувања на Земјата со зборот „верба" се означува средство за компензација на неспособноста на човекот да види и да сфати нешто. Со други зборови, не гледајќи го Господ, ние мораме да веруваме во Неговото постоење. Во тој случај ние ја компензираме својата неспособност да Го видиме. Таквата појава се нарекува „слепа верба". Меѓутоа вербата не се употребува како компензација само во религијата, туку во сè што правиме. Од каде на пример, знаеме дека Земјата е тркалезна? Зар сме летале во вселената лично тоа да го провериме? Им веруваме на научниците кои ни кажуваат за нејзината топчеста форма, затоа што ги сметаме за луѓе од доверба кои го провериле сето она што го кажуваат. Ние им веруваме, токму тоа е верба. Слепа верба.

Така, немајќи можност да видиме самите, ние ја користиме вербата за да ги надополниме деловите од сликата кои недостасуваат. Меѓутоа оваа информација не е убедлива и доверлива – тоа е само слепа верба.

Во кабалата верба се нарекува нешто сосем спротивно на погоре опишаното. Вербата за кабалистите – е опипливо, живо, целосно воспримање на Создателот – Законот, кој управува со животот. Значи, единствен начин да се стекне верба во Создателот е да се стане ист како Него. Поинаку, од каде ние, опфатени со сомнежите, да знаеме Кој е Тој, или дека Тој воопшто постои?

Знаење – Разум

Речникот нуди три дефиниции на зборот „знаење" (Речник на руски јазик, М. „Руски јазик", 1981): 1) поседување на какви било податоци, знаења во некоја област; 2) информации, знаења во некоја област; 3) проверен во пракса резултат на сфаќањето на реалноста, нејзин точен одраз во свеста на човекот.

Како синоними во Вебстеровиот речник меѓу другите можат да се разгледаат следните дефиниции на зборот „разум":

1. Способност за расудување, донесување на заклучоци и размислувања.
2. Правилна употреба на ум и логика.
3. Заедништво на интелектуални моќи.

Вебстеровиот речник ги нуди и следниве можности: интелигенција, ум и логика.

Сега да ги прочитаме проникливите зборови на кабалистот Барух Ашлаг, кои ги напишал во писмо за својот ученик објаснувајќи го „заповедниот синџир" на создавањето. Тие објаснуваат зошто е потребно да се *издигнеме* над разумот:

„Желбата за примање била создадена затоа што целта на Создателот е – да се дава добро на Неговите суштества, а за тоа е потребен сад за примање на насладувањето. Освен тоа, невозможно е да се почувствува задоволство, ако нема потреба за него, бидејќи без дефинирана потреба не се чувствува никакво уживање. Желбата за примање е духовна слика на Човекот (Адам), создаден од Создателот. Кога кажуваме дека на човекот ќе му биде подарено вечно задоволство, мислиме на желбата за примање која ќе ги прими сите насладувања, испланирани од Создателот за да му се пренесат нему. На желбата за давање ѝ биле дадени слуги, за да ѝ служат. Тие слуги се – рацете, нозете, видот, слухот итн. Сите тие се разгледуваат како слуги на човекот.

Со други зборови, желбата за примање – е господар, а органите се негови слуги. Како и обично, меѓу нив има батлер кој ги надгледува слугите, за да се трудат да се причини задоволство поради посакуваната цел, бидејќи токму тоа го посакува господарот (желбата за примање). Ако недостасува еден од слугите, исто така недостасува задоволството поврзано со него. На пример, ако човекот е глув, тој не може да ужива во музика. Ако недостасува сетилото за мирис, тој не може да ужива во аромата на парфемите. Ако пак недостасува мозокот (надзорникот), кој врши надзор над работниците, целата работа ќе биде залудна, а господарот ќе претрпи загуби. Ако некој има своја фирма во која работат многу работници што немаат добар управител, тоа може да ја уништи фирмата, наместо да оствари профит. Меѓутоа, дури и ако не постои управител (знаење), сопственикот (желбата да се добие) е присутен. Дури и ако управителот починал, сопственикот продолжува да живее. Тие можат да не бидат меѓусебно поврзани."

Излегува дека ако сакаме да ја победиме желбата за примање и станеме алтруисти, прво треба да го совладаме „шефот на персоналот" – нашиот разум. Значи, формулата „верба над разумот" означува дека вербата – станувањето точен приказ на Создателот – треба да биде над разумот – нашиот егоизам.

Начинот за достигнување на оваа цел има два аспекти: на лично ниво – тоа е групата за учење и круг на пријатели кои помагаат да се создаде опкружување што прокламира духовни вредности, а на колективно ниво – целокупното општество треба да научи да ги почитува духовните вредности.

Накратко

Сè што правиме во животот се одредува со принципот уживање-страдање: ние ги одбегнуваме страдањата и бараме уживања, сметајќи притоа дека колку помалку треба да се трудиме за добивање на задоволствата, толку е подобро! Принципот уживања – страдања – е производ на желбата за примање, а таа желба контролира сè што правиме, бидејќи таква е нашата суштина (природа). Значи, ние можеме да се сметаме за слободни, но всушност со нас управуваат уздите на животот – уживањето и страдањето, кои во свои раце ги држи нашиот егоизам. Четири фактори одредуваат кои сме ние:

1) основата;
2) непроменливите особини на основата;
3) особини кои се менуваат под влијание на надворешните сили;
4) промените во надворешната средина.

Ние можеме да влијаеме само врз последниот фактор, но токму тој може да влијае врз сите други. Значи, единствен можен начин да донесеме одлука кои ќе бидеме е да се избере последниот фактор, кој ќе ни овозможи да ја контролираме и да ја менуваме нашата надворешна средина. Бидејќи промените на последниот фактор имаат влијание врз сите други, менувајќи го него, ние се менуваме себеси.

Ако сакаме да се ослободиме од егоизмот, потребно е да се смени надворешната средина во таква каде се поддржува алтруизмот, а не егоизмот. Откако ќе се ослободиме од желбата за примање, од оковите на егоизмот, ќе биде можно нашето напредување кон духовноста. За тоа треба да се раководиме според принципот „вербата над разумот". „Верба" во кабалата значи совршено восприкање на Создателот. Може да се стекне верба станувајќи рамен на Него по своите квалитети, желби, намери и мисли.

Терминот „разум" се однесува на интелектот, „надзорникот" на нашиот егоизам. За да се издигнеме над него, треба да ја направиме еднаквоста со Создателот поважна, поврдна за нас, отколку секое егоистично задоволство кое можеме да си го замислиме. На лично ниво ние ја зголемуваме важноста на Создателот (алтруизмот) со помош на книги (или други медиуми), пријатели и учител, кој ни го покажува преферирањето на давањето. На ниво на општеството ние се трудиме да вградуваме поалтруистички вредности.

Сепак, (и тоа претставува предуслов за успешна промена), прифаќањето на алтруистичките вредности *не треба* да се прави само за да го направиме нашиот живот во овој свет попријатен. Негова цел *треба* да стане доведувањето на нашите личности и општествата во рамнотежа со природата, а тоа значи со единствениот закон на реалноста – законот на алтруизмот – со Создателот.

Кога ние како личности и како општество создаваме таква околина за нас, нашите вредности постепено се менуваат со вредностите на нашето опкружување, и тогаш се случува природна, лесна и пријатна промена на нашиот егоизам во алтруизам.

За Бнеи Барух

Бнеи Барух е најголема непрофитабилна, кабалистичка организација на милиони ученици од целиот свет, која бесплатно ја споделува мудроста кабала на современ јазик, со цел да се забрза духовниот развој на човештвото. Наставните материјали преведени на повеќе од 26 јазици се базирани врз автентични кабалистички текстови, пренесувани од генерација на генерација.

Рав Михаел Лајтман, професор по онтологија и теорија на знаења, доктор по филозофија и кабала, магистер по медицинска био-кибернетика, основач и управител на Академијата Бнеи Барух, бил ученик и личен асистент на кабалистот Рав Барух Ашлаг (Рабаш), првородениот син на големиот кабалист Јехуда Ашлаг (автор на Сулам коментарите на книгата Зохар). Автентичниот метод на Рав Михаел Лајтман, кој е наследство од големите кабалисти и духовни водачи, им нуди на сите поединци од сите вери, религии и култури, прецизна алатка која е неопходна за самооткривање и духовно воздигнување.

Фокусиран првенствено врз внатрешните процеси, Бнеи Барух ги повикува сите луѓе да се приклучат во надградбата на овој процес, со можност за избор на сопствен пат и интензитет, зависно од своите карактеристики и способности. Бнеи Барух стапува во контакт со секој кој бара повеќе од вообичаената свесност, со луѓето кои тежнеат кон разбирање на вистинската смисла на нашето постоење. Практичната обука и методот што бесплатно ги нуди Бнеи Барух, не само што помагаат во надминување на предизвиците и страдањата од секојдневието, туку го поттикнуваат и процесот во кој поединецот ги проширува вообичаените граници на своето перципирање и сознание.

Овој метод Јехуда Ашлаг го оставил на оваа генерација, наменет со својата суштина да ги „тренира" поединците во можноста додека се овде, во нашиов свет, да го достигнат совршенството на Вишите Светови. Јехуда Ашлаг јасно го опишува методот со следново:

> „Овој метод е практичен начин за достигнување на Вишите Светови, изворот на нашето постоење, во текот на овој живот. Кабалист е истражувач кој ја изучува сопствената Природа, притоа користејќи докажани, низ времиња проверени, и прецизни методи. Со овој метод поединецот достигнува совршенство и контрола врз сопствениот живот. На тој начин ја наоѓаме вистинската смисла на животот. Како што човек не може да функционира на правилен начин во овој свет без негово познавање, така и душата не може да функционира на правилен начин во Вишиот Свет без негово познавање. Мудроста кабала ни го нуди тоа знаење."

Интернет :

Кабала на македонски :
www.kabbalah.info/mk
e-mail: info@kabbalah.info

Кабала ТВ: www.kab.tv

Кабала книги:
www.kabbalahbooks.info

1057 Steeles Avenue West, Suite 532,
Toronto, Canada

Образовен центар:
www.arionline.info

Веб страна:
www.kabbalah.info
E-mail: info@kabbalah.info

Toll free in USA and Canada: 1-866-LAITMAN

За авторот

Михаел Лајтман е д-р по филозофија, магистер по биокибернетика, професор по онтологија и теоријата на спознавањето, и светски познат специјалист од областа на автентичната кабала. Неговиот животен пат е необичен како за некој што е признаен духовен лидер. По стекнувањето на академското образование и достигнувањето на значајни успеси на полето на биокибернетиката, тој се обратил кон древната наука – кабала. Докторирал филозофија и кабала на Московскиот институт за филозофија при Руската академија на науки. Кабалата до ден денес останува главен објект на неговите истражувања.

Михаел Лајтман почнал да ја изучува кабалата во 1976 година. Во потрага по вистинскиот учител, во 1979 година имал среќа да стигне до познатиот кабалист Барух Ашлаг (1906–1991) Рабаш, постариот син и наследник на Јехуда Ашлаг (1884-1954), познат во кабалистичкиот свет под името Баал ХаСулам, кој ова име и славата ги доби по коментарот „Сулам" (хебрејски – Скала) на книгата „Зохар".

Од тоа време, и во следните дванаесет години Михаел Лајтман бил најблизок ученик и помошник на Барух Ашлаг, неуморно придружувајќи го во последните години од неговиот живот.

По смртта на својот учител, во 1991 година, Михаел Лајтман ја основал Бнеи Барух – Академија за истражување и изучување кабала. Бнеи Барух е независно, некомерцијално здружение, кое се занимава со научна и просветна дејност од областа на науката кабала и управува со најголемата интернет страница на тема кабала. Има развиена мрежа на филијали и центри за далечинско и бесплатно обучување во повеќе од 30 земји на светот.

Интернет страницата на Институтот: *www.kabbalah.info* е одбележана во енциклопедијата „Британика", како една од најголемите учебно-просветни интернет извори според бројот на посетителите, количеството и информативноста на материјалот. Таа овозможува неограничен пристап до кабалистичките текстови на повеќе од 26 јазици и брои повеќе од 2 милиони посетители месечно.

Денес долгогодишните истражувања на Михаел Лајтман од областа на кабалата добиваат светско признание. На неговото перо му припаѓаат повеќе од триесет книги. На интернет каналот *www.kab.tv* секојдневно се емитува директен пренос на неговите лекции со синхронизиран превод на седум јазици (англиски, руски, италијански, германски, шпански, француски, турски).

Тој е основач и претседател на Институтот за истражување АРИ, (Ashlag Research Institute) – формиран за истражување на интерконективните врски меѓу науките од нашиот свет и науката Кабала.

Од 2005 г. Михаел Лајтман е член на Светскиот совет на мудроста (*World Wisdom Council*) – собрание на најистакнати научници и општествени дејци, кои се занимаваат со решавање на глобалните проблеми на современата цивилизација. Познатите претставници на меѓународната асоцијација на интелектуалци ги поздравуваат неговите напори за предавање на кабалистичкото знаење пред научниците и пошироката општествена јавност.

Професорот Ервин Ласло (Италија/Унгарија) – основач и претседател на Будимпештанскиот клуб

(*Club of Budapest*) и на Светскиот совет на мудроста (*World Wisdom Council*). Добитник на Гои – јапонската награда за мир. Напишал преку седумдесет книги кои се преведени на дваесетина јазици:

> „Во време, кога се решава судбината на нашето идно постоење на оваа планета, древната наука кабала одново добива значење и актуелност. Мудроста, содржана во класичното учење треба да биде искористена за решавање на проблемите, со кои ние се соочивме, и за остварување на можностите кои пред нас се отвораат. Ова послание треба да стане достапно за сите луѓе како во Израел, така и во целиот свет. Михаел Лајтман, како ниеден друг, е способен да ја реши оваа премногу важна задача, и да ја изврши оваа историска мисија".

Професор Даниел Мет (САД) – водечки специјалист од областа на филозофијата на кабалата:

> „Михаел Лајтман – е уникатна и извонредна личност: талентиран научник, кој направил синтеза на науката и кабалата, поткрепена со необични факти".

www.ingramcontent.com/pod-product-compliance
Lightning Source LLC
Chambersburg PA
CBHW071500080526
44587CB00014B/2170